Diana Donkor / Esther Donkor

Keep it kraus!

Das Basisbuch für Krauselocken

Bibliografische Information der Deutschen Nationalbibliothek:
Die Deutsche Nationalbibliothek verzeichnet diese Publikation in der
Deutschen Nationalbibliografie; detaillierte bibliografische Daten sind im
Internet über http://dnb.dnb.de abrufbar.

Coverdesign: Alexander Mau

Herstellung und Verlag: BoD – Books on Demand, Norderstedt

ISBN: 978-3-7504-3383-0

INHALT

ÜBER KRAUSELOCKE®   7

UNSERE VERWANDLUNG   10

UNSERE HAARE – LEBENDIGER ALS WIR DENKEN!   18

KAPUTTE HAARE - EINE TRANSITION BEGINNEN   24

TRANSITION-TIPPS   35

DER BIG CHOP: ERFAHRUNGSBERICHTE AUS DER
KRAUSELOCKE-COMMUNITY   38

MÄRCHEN ÜBER UNSERE KRAUSELOCKEN   54

HAARTYPEN BESTIMMEN   58

DIE POROSITÄT DER HAARE BESTIMMEN   64

INHALTSSTOFFE: WARUM SOLLTEN WIR SULFATE, SILIKONE,
MINERAL ÖL & CO. MEIDEN?   68

EIN WERKZEUGKASTEN FÜR UNSERE HAARE   72

KRAUSE HAARE UND LOCKEN KÄMMEN   79

DIE HAARWÄSCHE   81

DIE HAARROUTINE   91

DIE TIGHTLY-CURLY-METHODE   93

DIE CURLY-GIRL-METHODE   97

WASH AND GO   100

DIE LOC oder LCO-METHODE   103

DIE RICHTIGEN HAARPFLEGE-PRODUKTE 104

DO IT YOURSELF – REZEPTE ZUM SELBERMACHEN 107

NACHTROUTINE 121

SPITZEN SELBSTSTÄNDIG SCHNEIDEN 124

KRAUSELOCKEN IM WINTER 129

KRAUSELOCKEN IM SOMMER 132

HAARE SCHONEND GLÄTTEN 135

NATÜRLICHE PFLEGE GEGEN SCHUPPEN UND FETTIGE KOPFHAUT 142

HENNA ALS NATÜRLICHES FÄRBEMITTEL 146

KINDERHAARPFLEGE LEICHT GEMACHT 148

DAS INNERE KIND 153

SCHNELLE UND EINFACHE BASIS-FRISUR-TIPPS 156

ERNÄHRUNG UND HAARGESUNDHEIT 161

DON'T TOUCH MY HAIR! COOLE SPRÜCHE GEGEN GRABSCHER 166

LAZY DAYS 168

GLOSSAR 171

QUELLENVERZEICHNUNG 180

LESEEMPFEHLUNG 182

ÜBER KRAUSELOCKE®

I am not my hair

I am not this skin

I am a soul that lives within.[1]

Kennst du diesen Song? Gesungen wird er von der afroamerikanischen Sängerin India.Arie und ins Deutsche übersetzt bedeuten seine Zeilen: *Ich bin nicht mein Haar. Ich bin nicht diese Haut. Ich bin eine Seele, die im Inneren lebt.* Und genau diese Worte trafen uns mitten ins Herz, als wir sie zum ersten Mal hörten.

Wir sind die Schwestern Diana und Esther Donkor und freuen uns sehr, dass du dieses Buch in den Händen hältst. Wir haben es geschrieben, weil wir uns in unserer eigenen Jugend genauso ein Buch gewünscht haben. Leider gab es das damals noch nicht und wir mussten lange warten, bis wir das nötige Basiswissen rund um unsere Krauselocken lernten.

Als Töchter eines gebürtigen Ghanaers und einer Deutschen spielte unsere krause Haarpracht Zeit unseres Lebens eine große Rolle. Als wir noch Kinder waren, griffen wildfremde Menschen regelmäßig in unsere Kinderwagen, um uns nach Herzenslust die Lockenköpfe zu streicheln und sogar heute kommt es immer wieder vor, dass man uns ungefragt in die Haare fasst. Sprüche wie: „Kannst du deine Haare überhaupt kämmen?" oder „Ist das nicht zu warm im Sommer mit solchen Haaren?" kennen

---

[1] India.Arie: I Am Not My Hair (2005)

wir zu Genüge. Mittlerweile haben wir gelernt, damit umzugehen – genauso wie mit unseren Haaren. Aber das war nicht immer so.

Unsere Kindheit verlebten wir in den 1990er Jahren. Damals war das Internet noch nicht für jedermann verfügbar, um sich Tipps und Tricks für die Afrohaarpflege zu holen. Dementsprechend aufgeschmissen war unsere Mutter mit der Pflege unserer Krauselocken. Aber auch, wenn unser Vater das Haare-Machen hin und wieder übernahm, freute uns das überhaupt nicht – das Kämmen tat weh und wo unsere Mutter die Zöpfe zu locker flocht und Knoten nicht richtig herauskämmte, zog unser Vater zu fest an den Haaren, sodass wir danach nicht selten unter Kopfschmerzen litten.

Wie froh waren wir, als wir endlich ein Alter erreichten, in dem wir uns eigenständig um unsere Locken kümmern konnten. Anfangs gelang uns das mehr schlecht als recht, aber immerhin hatten wir selbst die Kontrolle. So glaubten wir zumindest. In Wahrheit übernahmen chemische Mittel und Kunsthaare das Kommando über unsere Köpfe.

Zum Glück zog eines Tages das Internet in unser heimisches Wohnzimmer ein und wir entdeckten Webseiten, die sich uns offenbarten wie heilige Grale: es gab tatsächlich Gleichgesinnte da draußen, die herausgefunden hatten, wie wir mit unseren krausen Haaren umgehen konnten ohne zu verzweifeln.

Allerdings gab es diese Infos damals fast nur in den Sprachen Englisch oder Französisch und wir waren jahrelang auf der Suche nach einer deutschsprachigen Plattform, auf der wir uns Ratschläge für den Umgang mit unseren Haaren und zu unserer afrodeutschen Identität holen konnten. Leider mussten wir feststellen, dass wir mit unseren Krauselocken und dem dunklen Teint im vorherrschenden Schönheitsideal unterrepräsentiert waren. Als Begründung hieß es immer wieder, unser Markt sei zu klein, es gäbe zu wenige „von uns". Das wollten wir nicht hinnehmen – und so entstand KrauseLocke® im Jahr 2011 als einer der ersten deutschsprachigen Blogs, der sich unter anderem mit der Pflege von krausen Haaren und Locken beschäftigt.

Glücklicherweise haben sich die Zeiten geändert. Mittlerweile gibt es zahlreiche Krauselocken die ihre Erfahrungen teilen und wir freuen uns, Teil dieser großen Community sein zu dürfen. Es gibt heute so viele Infos und Trends zur Pflege unserer Haare, dass wir manchmal selber nicht mehr hinterherkommen. Wir sind also keinesfalls ausgebildete Experten in Sachen Haarpflege. Und trotzdem war es uns wichtig, dieses Buch zu schreiben und unsere Erfahrungen zu teilen.

Mit KrauseLocke® richten wir uns auch heute noch an Menschen mit krausen Köpfen und an Menschen mit krausen Gedanken – letztere hat wirklich jede*r! Unsere Devise lautet: egal, wie verschieden wir alle sein mögen – wir verstehen uns! Wir sind alle eins!

Und so liegt es uns am Herzen, neben unseren Erfahrungen in Sachen Haar- und Schönheitspflege auch Themen wie Selbstbewusstsein, Selbstakzeptanz und Selbstliebe anzusprechen. Und genau das soll dieses Büchlein vereinen. Denn wenn du mit dir selbst nicht klarkommst, bringen die besten Haarpflege-Tipps rein gar nichts. Du wirst trotzdem nicht zufrieden sein - das durften wir aus eigener Erfahrung lernen.

Dieses Buch soll dir nicht nur erstes Basiswissen in Sachen Krauselocken-Haarpflege vermitteln, sondern dir eine ganzheitlichere Perspektive auf deine Haare und dich selbst verschaffen. Dies kann dir dabei helfen, entspannt mit dir und dem KrauseLocke-Dasein umzugehen. Getreu dem Motto:

Keep calm & keep it kraus!

UNSERE VERWANDLUNG

Diana: „Warum hatten sie so ,schöne' Haare und ich nicht?"

Schönheit hatte für mich schon immer einen sehr hohen Stellenwert. Als Kind schlug mein Herz für die beliebten Disney-Prinzessinnen Pocahontas, Arielle und Jasmin aus dem Film Aladin. Lange, glatte und seidige Haare waren ihre Markenzeichen. Indem ich mich ständig mit diesen Zeichentrickvorbildern verglich, lebte ich in einer mir unerreichbaren Illusion.

Später als Teenager kamen Stars wie Beyoncé & Co dazu. Ihre glatten langen Haare verunsicherten mich noch mehr, da die wunderschönen Frauen doch meine Hautfarbe hatten. Warum hatten sie so „schöne" Haare und ich nicht? Hinzu kam, dass ich mir oft von den unterschiedlichsten Leuten und Mitschülern anhören musste, dass ich merkwürdige Haare habe und ob ich diese überhaupt kämmen kann!?

Jeden Sonntag kämpfte meine Mutter, die sich nicht mit Afrolocken auskannte, mit meinen Haaren, um diese zu „bändigen". Haare ziepen, Tränen und Kopfschmerzen waren jedes Mal vorprogrammiert. Nach all diesen Strapazen war es mir nie wirklich möglich meine Haare so zu akzeptieren wie sie sind und dementsprechend kam die Liebe zu mir selbst auch viel zu kurz.

Die einzige Lösung, die ich damals für sinnvoll erachtete, war, meine Haare chemisch glätten zu lassen und jeden Tag mit dem heißen Glätteisen zu bearbeiten. Die Folge waren kaputte, abgebrochene, strohige Haarspitzen, die keineswegs glatt und geschmeidig aussahen. Diesen Teufelskreis zu durchbrechen hielt ich damals für unmöglich. Doch meine Verwandlung begann als die Haare immer kürzer, trockener und strohiger wurden.

Zum Glück war mir meine Schwester Esther schon immer ein Vorbild. Und als sie eines Tages auf den Blog einer afroamerikanischen, jungen Frau

stieß, veränderte dies schlagartig den Blick auf unsere Haare. Die Bloggerin Teri LaFlesh[2] berichtete von ihrer Transition-Story und diese inspirierte uns so sehr, dass wir den Versuch unternahmen, unsere Haare ebenso natürlich zu tragen. Von nun an forschten wir viel, achteten auf die Inhaltsstoffe der Haarprodukte und experimentierten dementsprechend. Und immer wieder tauchte die Frage auf: was tut unseren Haaren gut und was nicht?

Die ersten Komplimente zu den neuen Hairstyles ließen nicht lange auf sich warten und meine Selbstliebe wurde immer stärker. Trotzdem gab es immer wieder Rückschläge bei dieser zunächst positiven Entwicklung. Ich verglich mich immer noch mit den Mädels in meiner Umgebung und war abhängig von den Meinungen meiner sozialen Kontakte. Auch die Medien dominierten weiterhin mein Unterbewusstsein, indem ich mich von Werbeplakaten und Musikvideos beeinflussen ließ. Ich ging mehrmals in der Woche auf Partys und brezelte mich vorher stundenlang auf, um von außen eine Bestätigung zu bekommen. Auch wenn ich meine Haare nicht mehr chemisch in Form brachte, war ich jedes Mal unsicher und in mich gekehrt, wenn ich mit anderen Menschen zusammen war, weil ich das Gefühl hatte, ich sehe nicht perfekt aus.

---

[2] Teri LaFlesh ist Erfinderin der Tightly Curly Method. Mehr Infos gibt es auf: tightlycurly.com

Dies ging mehrere Jahre so. Irgendwann kam ich an den Punkt, an dem ich nicht mehr „die Perfekte" sein konnte und wollte. Ich bekam die Diagnose Hashimoto, eine Autoimmunkrankheit, die die Schilddrüse betrifft. Nach der Diagnose fing ich an mich mit meinem Lifestyle und meiner Vergangenheit auseinanderzusetzen und mir wurde klar, dass der Druck, den ich mir selbst machte, ein Auslöser für die Erkrankung war. Ich begann die Fassade, die ich mir über viele Jahre hinweg aufgebaut hatte, zu hinterfragen und kam zu der Erkenntnis, dass ich immer nur das getan hatte, von dem ich dachte, dass es von mir verlangt wurde. Meine unsichere Ausstrahlung zog hauptsächlich Menschen und Situationen in mein Leben, die mir meine Abhängigkeit von anderen bestätigten.

Mit Mitte zwanzig entschied ich mich für eine radikale Veränderung. Ich machte eine neue Ausbildung, zog in eine andere Stadt und machte zum ersten Mal das, was ich wirklich tun wollte. Diese Schritte halfen mir bei meiner Transformation und ich lernte: wenn du im Inneren nicht mit dir zufrieden bist, dann macht dein Äußeres dich auch nicht glücklich. Natürlich fällt es mir auch heute noch manchmal schwer mich immer so zu akzeptieren wie ich bin. Aber ich weiß nun, dass die Selbstliebe und Selbstakzeptanz wichtige Schritte für eine positive Lebensgestaltung sind. Dranbleiben lohnt sich!

Esther: „Ich war süchtig."

Als Kind wurde ich gemobbt – unter anderem wegen meines Erscheinungsbildes und meinen krausen Haaren. Die ließen meine Eltern mir nämlich kurz schneiden, was die Haarpflege erleichtern sollte. Da ich schon immer eher ein Wildfang war, sah ich dann allerdings aus wie ein Junge. Als ich 15 Jahre alt und mein Haar etwas nachgewachsen war, fing ich mit dem Relaxen an. Das erste Mal half mir meine Mutter dabei. Dafür musste ich sie zunächst lange überreden, weil sie natürlich nicht wollte, dass ich meine schönen Haare mit Chemie verhunzte. Ich machte aber ein großes Theater und nervte sie so lange, bis sie mir im Afroshop eine Packung Relaxer kaufte. Widerwillig glättete sie mir die Haare nach Anleitung auf der Packung.

Das Resultat war natürlich nicht so wie ich es mir vorgestellt hatte. Meine Haare wurden trocken und brachen ab. Mehr Anerkennung bei meinen Mitschülern erhielt ich auch nicht. Trotzdem hörte ich mit dem chemischen Glätten nicht auf. Als meine Mutter dann endgültig streikte, lies ich mir die Haare fortan von einer Frisörin im Afro-Salon für viel Geld glätten. Das Ergebnis war schon etwas besser als beim Do-it-yourself-Versuch. Zumindest waren die Krausen richtig weg, wenn ich sie zusätzlich mit einem Glätteisen bearbeitete. Nach und nach wurde ich dann aber Relaxer-süchtig und ging regelmäßig zur Frisörin, wenn der Ansatz auch nur ein bisschen kraus nachwuchs.

Leider gefiel meinen Haaren die ganze Prozedur gar nicht. Sie brachen immer weiter ab, aber ich relaxte, färbte und glättete sie weiter – bis sie so geschädigt waren, dass sie immer kürzer wurden.

Mit Anfang zwanzig hatte ich die Nase voll! Meine Haare waren inzwischen total abgebrochen und kurz und ich kam einfach nicht weg von der Relaxerei.

Meine Afro-Frisörin riet mir dann zu einer Weave. Eine Weave ist eine Art der Haarverlängerung, bei der die eigenen Haare zunächst zu Cornrows an die Kopfhaut geflochten werden. Danach werden spezielle Tressen, das sind Haarbänder, an denen Kunsthaar befestigt ist, mit einem Faden an die geflochtenen Zöpfe genäht (Siehe Glossar).

2006, erste Weave, leider noch relaxed

Die Haare wurden immer kürzer...

2007 – Weave mit relaxtem Pony

Die Weave war natürlich teurer als das Relaxen. Ich sparte also mein Geld zusammen, kaufte falsche Haare im Afroshop und ließ mir die Haarverlängerung anbringen. Leider hörte die Frisörin nicht auf, meine Haare zu relaxen. „Eh! Deine Haare sind schwierig! Ich muss die relaxen, sonst kommen Knoten!", sagte sie immer wieder kopfschüttelnd und das reichte meinem ahnungslosen und verunsicherten, früheren Ich damals als Argument.

Ich lief also lange mit relaxten Haaren herum, an denen zusätzlich eine Weave befestigt war! Erst über ein Jahr später wechselte ich die Frisörin. Die Neue schlug die Hände über dem Kopf zusammen und erklärte, dass man unter der Weave gar nicht relaxen sollte! Eine Weave ist ein Protective Style zum Schutz der eigenen Haare.

Ich ließ mir fast drei Jahre lang regelmäßig eine Weave machen. Seitdem meine Haare nicht mehr geglättet wurden, wuchsen sie auch viel gesünder nach. Nach einiger Zeit machte ich sie mir – bevor ich eine neue Weave bekam – zuhause immer selbst auf, um das Wachstum zu betrachten. So begann ich mich auch nach und nach an den Anblick meines natürlichen Haars zu gewöhnen.

Fast drei Jahre später wagte ich es dann. Nach monatelangen Recherchen zum Natural Hair und nachdem ich mir immer wieder Mut zugesprochen hatte, löste ich meine Weave – und ging nicht mehr zur Frisörin. Ab diesem Tag wollte ich es schaffen mit meinen Haaren, so wie sie aus meinem Kopf wachsen, zurechtzukommen und sie zu lieben. Es war ein tolles Gefühl! Natürlich hatte ich noch relaxte Haarspitzen. Ich schnitt sie nach und nach ab und kaschierte sie, indem ich mir nachts Zöpfe flocht, die, nachdem sie am nächsten Morgen wieder geöffnet wurden, eine Wellenform in die glatten Spitzen brachten.

Trotzdem stellte ich mit der Zeit fest, dass die richtige Haarpflege alleine auf Dauer nicht der Schlüssel für ein gänzlich erfülltes Leben sein konnte. Sie war nur ein erster Schritt und ich bemerkte, dass ich mich lange stark auf Äußerlichkeiten fixiert hatte. Dazu gehören meine Haare und mein Erscheinungsbild. Doch auch mit perfekt gestylten Haaren kann man sich unwohl fühlen und ich trat, neben meiner Haarreise, auch eine Reise in mein Innerstes an.

Zunächst setzte ich die Pille ab und durchlitt ein hormonelles Chaos, das fast zwei Jahre lang anhielt und mich mit Pickeln und trockenen, störrischen Haaren „strafte". „Strafte" in Anführungszeichen, weil ich heute weiß, dass wir oft dazu neigen, negativ zu werten, wenn Pickel sprießen oder unsere Haare nicht so aussehen wie wir es uns wünschen. Wir haben ein bestimmtes Bild von uns im Kopf, das auch durch unser Umfeld geprägt ist. Bei all der Fixierung an das Außen, übersehen wir dabei leider oft das zu hinterfragen, was uns bestimmte Symptome sagen wollen.

Nachdem mein Körper sein natürliches hormonelles Gleichgewicht wiederhergestellt hatte, wurde bei mir allerdings eine Schilddrüsenunterfunktion diagnostiziert. Eine leichte zwar, aber störrisches Haar, brüchige Nägel und Haarausfall waren wieder die Folgen. Hinzu kamen Stimmungsschwankungen und Melancholie. Erneut griff ich zu Hormonen, obwohl mein Arzt sie mir nicht ausdrücklich verordnet hatte. Aber ich wollte die unliebsamen Symptome so schnell wie möglich in den Griff bekommen ohne mich mit den Ursachen für die plötzlich auftretende Krankheit auseinanderzusetzen.

Die neuen Tabletten vertrug mein Körper allerdings nicht. Nachdem ich eines Nachts durch starke Krämpfe aus dem Schlaf gerissen wurde und meine Schwester kurz davor war, einen Krankenwagen zu rufen, machte ich erneut Schluss mit den Hormonen.

Ich begann mich vermehrt mit Themen wie Psychosomatik, Ernährung als Medizin und einem ganzheitlichen Lebensstil auseinanderzusetzen. In diesem Zuge erfuhr ich nicht nur, welche Lebensmittel bei einer Schilddrüsenunterfunktion hilfreich sein können. Ich lernte auch, dass hinter jeder Krankheit auch eine tiefere Bedeutung liegt. Psychosomatisch betrachtet steht die Körperebene der Schilddrüse für die Themen Entwicklung und Reifung. In meinem Fall stand die Unterfunktion meiner Schilddrüse unter anderem für eine „mangelnde Verwurzelung" und „tiefsitzende Frustration"[3]. Und ich stellte fest, dass ich jahrelang ein eher fremd- und von außen bestimmtes Leben geführt hatte, dass kaum Raum für eine eigene Entfaltung ließ. Nach meinen traumatischen Mobbing-Erfahrungen hatte ich alles Mögliche getan, um mich meinem Umfeld anzupassen und die Menschen um mich herum zufriedenzustellen. Außerdem war ich in einem Job gelandet, der mir gar keine Freude bereitete. Aber Hauptsache, ich hatte den Erwartungen entsprochen, von denen ich glaubte, dass andere sie von mir hatten.

„Den Sinn des eigenen Lebens innen suchen und finden"[4]

Ich lebte also ein Leben gegen meine eigene Bestimmung. Das war die Ursache für mein Unwohlsein. Um diese Ursache anzugehen und nicht bloß die Symptome in Schach zu halten, so las ich, war es wichtig, jetzt endlich auf mich und mein Inneres zu hören. Ich musste mich auf mich selbst besinnen. Und das Leben brachte mich zum Yoga und zur Meditation. Ich reiste nach Ghana ins Heimatland meines Vaters, kündigte meinen unliebsamen Job, widmete mich meiner Leidenschaft dem Schreiben und tat endlich die Dinge, die mich erfüllten.

Heute bin ich zufriedener mit meinem Leben als je zuvor. Ich versuche mein Inneres und mein Äußeres in Einklang zu bringen und mich so zu akzeptieren wie ich bin, mit all meinen Macken. Und selbst wenn meine Locken heute mal nicht so wollen wie ich, so kann ich locker bleiben, weil ich ausgeglichener bin.

---

[3] [4]Rüdiger Dahlke: „Krankheit als Symbol" (2014) S. 168

UNSERE HAARE – LEBENDIGER ALS WIR DENKEN!

Was sind Haare?

In diesem Buch legen wir das Hauptaugenmerk auf die Pflege unserer krausen Haarpracht. Dabei stellt sich die Frage danach, was Haare überhaupt sind. Die Antwort klingt erstmal ziemlich leblos. In erster Linie sind Haare nämlich abgestorbene Zellen, die aus den sogenannten Haarfollikeln unserer Haut wachsen. Follikel sind kleine Vertiefungen in der obersten Hautschicht, die auch dafür verantwortlich sind, ob das Haar lockig oder glatt ist. Lockiges oder krauses Haar wächst aus ovalen Follikeln. Die Follikel glatter Haare sind rund.

Unsere Haare gehören zu den sogenannten Hautanhangsgebilden und bestehen zu neunzig Prozent aus Keratin - egal ob Krauselocken, Wellen oder glatte Haare. Keratin ist eine Eiweißverbindung, die auch die Hornsubstanz unserer Haut und in den Nägeln bildet und für Elastizität und Festigkeit sorgt. Der Rest des Haars besteht aus Wasser, Pigmenten und natürlichen Fetten. Die Haarwurzel (Bulbus) befindet sich unter der Kopfhaut und versorgt das Haar mit Nährstoffen. Der sichtbare Teil des Haars wird Haarschaft genannt. Ein Haar hat drei verschiedene Hornschichten: die Medulla bildet dabei das Mark des Haares. Der darüber liegende Cortex gibt dem Haar seine Stärke und die Cuticula schützt das Haar als oberste Schuppenschicht.

Auf dem Kopf trägt der Mensch durchschnittlich zwischen 100.000 und 150.000 Haare. Entgegen vieler Erwartungen sind es allerdings nicht die Schwarzhaarigen oder Brünetten, denen hier die meisten Haare aus dem Kopf wachsen. Blonde oder rothaarige Menschen haben meist feineres, dafür aber mehr Haupthaar. Das Haar von Dunkelhaarigen hingegen ist dicker, dafür haben sie weniger davon.

Vor rund 50.000 Jahren war der Körper unseres Vorfahren, dem Homo erectus, fast gänzlich mit dichtem Haar bewachsen. Erst durch die Entdeckung des Feuers, die Erfindung von Kleidung und durch weitläufige

Völkerwanderungen passte sich der Körper genetisch an und verlor nach und nach den alten Pelz. Aus dem Homo erectus wurde der Homo sapiens, der Haarverlust verbesserte die Lebensqualität erheblich.[5]

Heute schützt unser Haupthaar, biologisch betrachtet unsere Kopfhaut vor dem Sonnenlicht. Jedoch sind unsere Haare weit mehr, als tote Zellen, die uns aus dem Kopf wachsen. In Wahrheit haben sie für uns Menschen nämlich eine ziemlich lebendige Bedeutung.

Das Haar als Symbol

„Darstellungskraft, Freiheit, Vitalität, Unbekümmertheit"[6] sind nur einige starke Eigenschaften mit denen unser Haupthaar symbolisch in Verbindung gebracht werden kann. Schon die Hippies aus den 1960er und 70er Jahren der westlichen Gesellschaft verstanden diese tiefere Bedeutung und ließen sich die Haare gerne lang und natürlich wachsen – auch als rebellischen Protest gegen die vorherrschenden gesellschaftlichen Zwänge. Parallel dazu etablierte sich in der afroamerikanischen Gesellschaft der sogenannte „Afro" oder „Afro-Look". Auch er galt als starkes Statement vor allem in der amerikanischen Bürgerrechtsbewegung. Slogans wie „Black is beautiful" wurden durch den Afro unterstrichen, da er sich auch gegen ein vorherrschendes Schönheitsideal richtete. Ähnlich wie es auch heute noch der Fall ist, basierte dieses allgemeingültige Schönheitsideal in Bezug auf die Haarpracht auf glattem und langem Haar.

Typische Frisuren wie Braids oder Cornrows haben bereits eine jahrtausendealte Geschichte hinter sich. In alten afrikanischen Kulturen (zum Beispiel bei den Fula in der Sahel-Region) dienten die geflochtenen Zöpfe nicht nur praktischen oder modischen Zwecken. Je nachdem wie die Zöpfe geflochten und mit Schmuck verziert waren, sagten sie auch etwas über den gesellschaftlichen Status oder die Stammeszugehörigkeit

---

[5] Vergleich: Eric Standop: „Haargenau: was Haare über Gesundheit und Persönlichkeit verraten" (2015) S.27

[6] Rüdiger Dahlke: „Krankheit als Symbol" (2014) S. 168

aus. Bestimmte Frisurtypen wurden von Generation zu Generation weitergegeben.

Die Zeit der Sklaverei hatte erheblichen Einfluss auf die Frisuren vieler afrikanischer Frauen. Bevor man sie als Gefangene auf Sklavenschiffe verschleppte, rasierten die Schlepper ihnen die Haare ab. Die Härte der Sklaverei in Amerika sorgte dafür, dass aus den kunstvollen und bedeutsamen Braids eine schnelle und praktische Frisur werden musste. Zumeist gab es nur an den Sonntagen ein wenig Zeit, um sich von der qualvollen Arbeit zu erholen und sich für die neue Woche zu wappnen. Frisuren mussten daher einfach zu handhaben sein und eine ganze Woche lang halten.

Im 20. Jahrhundert verschlug es eine Vielzahl Schwarzer Frauen im Zuge der großen Migration in die amerikanischen Großstädte. Dort nahmen sie oft Jobs als Hausangestellte an. Braids verkamen allmählich zum Symbol der Rückständigkeit. Man wollte die grausamen Zeiten der Sklaverei hinter sich lassen und die krausen Haare wurden chemisch geglättet oder als Zeichen der Anpassung an die weiße Gesellschaft unter Perücken versteckt. Die Bürgerrechtsbewegungen halfen dabei, dies wieder aufzubrechen.[7]

Andernorts in Jamaika waren es die Rastafari, die in den 30er Jahren damit begannen, sich sogenannte Dreadlocks (auch Locs oder Dreads genannt) wachsen zu lassen. Diese Frisur entsteht dadurch, dass die Haare nicht mehr künstlich behandelt werden. Gewaschen werden die Dreads möglichst ohne Shampoo oder Seife, sondern nur mit rein natürlichen Produkten. Wichtig für die Rastafari ist es, die Haare in ihrer natürlichen Form zu belassen. Sie werden weder geschnitten noch gekämmt, sodass sie mit der Zeit mehr und mehr verfilzen.

---

[7] Vergleich: essence.com

Auch die Dreadlocks stellen eine ganz bewusste Entscheidung gegen das in Jamaika vorherrschende Schönheitsideal dar. Glattes Haar wird als „good hair" bezeichnet. Lockiges Haar gilt als „bad", „knotty" oder „nappy hair". Verfilzte Haare wurden in Jamaika zu jener Zeit des Aufkommens der Rastafari als Frisur von Obdachlosen und Wahnsinnigen betrachtet. Da eine solche Frisur Mitgliedern der übrigen Gesellschaft Furcht (engl: dread) einflößen konnte, nannten die Rastas ihre verfilzten Haare Dreadlocks.[8]

Die spirituelle Bedeutung der Haare

Ziel der Rastafari-Kultur ist die Befreiung aller körperlichen und geistigen Zwänge der Gesellschaft. Sie wollen sich von dieser abheben und sich nicht nach allgemeiner Meinung richten. Die Gesellschaft wird von den Rastafari auch als Babylon bezeichnet. Die in der Rastafari-Kultur vielverwendete Aussage „Dreadlock in a Babylon" spielt unter anderem darauf an, dass Rastas oft Opfer brutaler Polizeiattacken wurden, bei denen man ihre Dreadlocks abschnitt – ein großer Identitätsverlust für einen Rastafari. Tief religiöse Rastafari schneiden sich ihre Dreadlocks nämlich niemals. Sie identifizieren sich mit den biblischen Nasiräern, welche unter anderem den Eid schworen, weder Bart noch Haare zu schneiden. Je länger die Dreadlocks, umso größer die spirituelle Reinheit, Hingabe und Intensität der biblischen Lebensweise. Sogenannte Tams (Strickmützen, oft in den Farben rot, grün und gelb) und Turbane (häufig von den sogenannten Bobo-Dreads getragen) sollen unter anderem dazu dienen, die Dreadlocks in der Öffentlichkeit vor verunreinigenden Blicken zu schützen.

Lange Locs und Afrohaare stehen für spirituelle Vollkommenheit, was sie mit vielen weiteren Völkern und Glaubensrichtung gemeinsam haben. Die Rastafari bezeichnen ihre Dreadlocks auch als Löwenmähne, da sie sich

---

[8] Vergleich: Volker Barsch: „Rastafari: Von Babylon nach Afrika" (2003)

mit dem gleichnamigen Tier identifizieren. Der Löwe steht unter anderem für afrikanisches Selbstbewusstseins, Kraft und Unbesiegbarkeit.

Auf dem afrikanischen Kontinent selbst werden der menschlichen Haarpracht die unterschiedlichsten Bedeutungen beigemessen. Wo sich in modernen, afrikanischen Gesellschaften die Frisuren heute eher an der Mode orientieren, so steht die Haarpracht und die Art wie diese frisiert ist bei vielen traditionellen Naturvölkern symbolisch für den Familienstand, das Alter, die Fruchtbarkeit oder den Rang in der sozialen Hierarchie des Menschen, der sie trägt. Sehr alte Völker glaubten gar, dass die Haare bei der göttlichen Kommunikation helfen. Diese Ansicht wird auch in spirituellen Kreisen auf der ganzen Welt angenommen. Hier werden die Haare gerne mit Antennen verglichen, die in der Lage sind, Signale und Energien zu empfangen. Dabei stehen vor allem Locken und krause Haare für Vitalität, Leidenschaft, Schönheit, spirituelle Verbindung, Kreativität, Emotionen und dafür, eigene Wege zu gehen.[9]

Unsere Haare psychosomatisch betrachtet

Die Redewendung „alte Zöpfe abschneiden" rührt daher, dass Haare spirituell betrachtet auch für unsere Vergangenheit stehen können. Wer mit dieser in Einklang ist, kann sein Haupthaar demnach als Kraftquelle betrachten. Bei den Rastafari und anderen Gruppierungen geht es sogar soweit, dass das Schneiden der Haare aufgrund des Bezugs zur Vergangenheit und Identität verpönt ist. Andere hingegen befreien sich von alten Lastern der Vergangenheit oder beginnen einen neuen Lebensabschnitt, wenn sie sich ihre Haare abschneiden. Buddhistische Mönche beispielsweise verzichten komplett auf das Tragen einer Haarpracht, um sich von Äußerlichkeiten und von der Verbindung zu einem höheren Selbst nicht ablenken zu lassen.

---

[9] Vergleich: Rüdiger Dahlke: „Krankheit als Symbol" (2014) S. 126

Menschen, die unfreiwillig unter Haarausfall leiden, wird auf psychosomatischer Ebene geraten, mit ihrer Vergangenheit ins Reine zu kommen und alte Gedankenmuster aufzulösen, um neue Kräfte und innere Ausstrahlung und Schönheit zu entwickeln. Haarausfall wird hier unter anderem auch als Folge von zu vielen männlichen Hormonen und Übersäuerung ausgemacht, die durch einen dauerhaft erhöhten Adrenalinspiegel, falsche Ernährung, Stress, Ängste, Frust und Enttäuschungen entstehen. Vor allem Menschen, die zu streng mit sich sind, „zu wenig freie Entfaltungsmöglichkeiten nutzen; zu kontrolliert und fixiert leben"[10] und sich der eigenen Freiheit, Macht und Kraft durch Festgefahrenheit und Kontrolle berauben, sollen zu denjenigen gehören, die unter Haarausfall leiden können.[11]

Also doch ganz schön lebendig, die Hornzellen, die uns da aus dem Kopf wachsen.

---

[10] Rüdiger Dahlke: „Krankheit als Symbol" (2014) S. 140

[11] Vergleich: Rüdiger Dahlke: „Krankheit als Symbol" (2014) S. 410

KAPUTTE HAARE - EINE TRANSITION BEGINNEN

Unbehandelt, gefärbt, getönt oder relaxed?! Dieses Buch ist allen Krauselocken gewidmet – egal wie sie ihre Haare tragen. Es gibt heute immer mehr Lockenköpfe, deren Haare noch nie mit einem Relaxer in Berührung kamen. Das finden wir natürlich großartig – natürlich im wahrsten Sinne des Wortes. Aber wir wollen den Relaxer auf keinen Fall verteufeln und schon gar nicht diejenigen, die ihn regelmäßig nutzen. Das Gleiche gilt fürs Haarefärben und wir geben sogar zu, dass wir hin und wieder gerne mit der Farbe unserer Haare gespielt haben.

Auch wenn das „Natürlichsein" heute voll im Trend liegt und sich das Wissen um Relaxer und Co. Rasant verbreitet, macht das den Umgang mit natürlichen Krauselocken nicht einfacher. Außerdem sollten Entscheidungen nicht auf Trends beruhen. Fühle dich nicht unter Druck gesetzt, deine Haare natural zu tragen, wenn du bislang Relaxer verwendet hast oder Styles trägst wie Braids, Rasta oder Haarverlängerungen. Daran ist nichts Verwerfliches und relaxtes Haar oder weniger natürliche Styles mindern nicht deinen Wert als Menschen. Mach deine Entscheidung nicht von anderen abhängig, sondern nur von dir selbst. Ob du deine Haare natürlich tragen willst oder nicht, kann von vielen Faktoren und deinem persönlichen Lifestyle abhängen. Vielleicht fehlt dir schlichtweg die Zeit für die Pflege natürlicher Krauselocken und du hast die Prioritäten in deinem Leben im Moment auf andere Dinge gelegt. Das können Prüfungen sein, dein Beruf, deine Familie oder Beziehungen. Vielleicht fehlt dir die Geduld für die Pflege natürlicher Haare oder du möchtest dein Geld für andere Dinge ausgeben, als für Haarpflegeprodukte. Vielleicht findest du dich mit natürlichen Haaren auch einfach überhaupt nicht wohl und du findest, es steht dir nicht. Egal, was es ist – es ist deine Entscheidung auf deiner Lebensreise und auch mit relaxtem Haar oder künstlichen Haarverlängerungen bist du ein wunderbarer Mensch und gut so wie du bist.

Jeder Mensch sollte die Freiheit haben, seine eigenen Entscheidungen zu treffen und die Beweggründe dafür, warum jemand etwas tut oder lässt sind ganz und gar seine eigene Angelegenheit. Verurteilungen oder Bewertungen halten wir für ganz klar fehl am Platz.

Und trotzdem: genauso wie es Krauselocken gibt, die ihr Haar relaxen und damit zufrieden sind, gibt es auch diejenigen, die sich ihre Haare schon lange chemisch behandeln und damit unglücklich sind. Nicht selten sind kaputte Haare ein Grund für den Unmut. Und wenn die Haare kaputt sind, hilft oft eine Transition.

Was genau ist eine Transition?

Übergang, Wandel, Wechsel – das ist die deutsche Definition des englischen Begriffs: Transition. In Bezug auf unsere Haare bedeutet eine Transition den Wechsel von geschädigtem Haar hin zu natürlichen, gesunden Krauselocken. Eine Transition ist immer dann ratsam, wenn dein natürliches Haar kaputt ist – sei es durch Relaxen, Glätten oder Färben. Es gibt zwei Möglichkeiten die Transition anzugehen. Der kürzeste aber radikalere Weg ist dabei definitiv der Big Chop, bei dem du sämtliche, beschädigten oder relaxten Haare kompromisslos abschneidest. Zack, fertig! Der Grund hierfür ist einfach: Sind die kaputten Haare erstmal ab, sind nur noch gesunde Haare übrig, die genug Raum haben, um zu wachsen.

Zugegebenermaßen erfordert so ein radikales Abschneiden der Haare einiges an Mut und nicht jede Krauselocke fühlt sich wohl mit kurzen Haaren. Das ist total verständlich und kann viele Gründe haben.

Esther: Meine Mutter hatte immer mit meinen Haaren zu kämpfen und bei meinem Vater tat das Haaremachen total weh. Eines Tages bestellten meine Eltern eine Bekannte meines Vaters nach Hause, die mir eine aufwendige Flechtfrisur verpasste: viele sehr dünne Cornrows, die an meine Kopfhaut angeflochten wurden und erstmal für Ruhe sorgen sollten. Die Frisur erinnerte an einen

Irokesen, ich fühlte mich ziemlich unwohl, musste damit jedoch gezwungenermaßen mehrere Wochen herumlaufen. In die Schule, zu Freunden, überall hin. Kurz vor meiner Erstkommunion versuchte meine Mutter die Zöpfe dann zu lösen, was sehr schwierig war – denn sie waren völlig verknotet und verfilzt. Auch Flechtfrisuren brauchen Pflege und Feuchtigkeit. Das hatten meine Eltern nicht gewusst. Ich erhielt meine erste Kommunion also mit einem verknoteten Wirrwarr auf dem Kopf. Kurz darauf waren wir dann beim Frisör, der meine Haare kurz schnitt und mich nur noch unglücklicher machte. Ich war schon immer ein eher wildes Kind gewesen. Mit den kurzen Haaren sah ich aus wie ein Junge. Die Brille und die ersten Pickel machten das Gesamtbild nicht besser und meine Mitschüler hänselten mich. Aber mein Vater holte immer öfter die Haarschneidemaschine heraus, schnitt mir die Haare und ich traute mich nicht, etwas dagegen einzuwenden. Erst im späteren Teenageralter schwor ich mir, dass ich nie wieder so kurze Haare haben wollte.

Selbstverständlich muss die Erfahrung mit einem Big Chop keinesfalls so traumatisch sein wie die oben beschriebene. Ganz im Gegenteil: Kurze Afrolocken sind pflegeleicht und liegen voll im Trend. Wenn du ohnehin gerne mit deinen Haaren experimentierst und du die Veränderung nicht scheust, kann der Big Chop genau das Richtige für dich sein. Er ist eben nicht für jede Krauselocke der ideale Weg und es ist vollkommen in Ordnung, wenn man ihn für sich nicht in Betracht zieht. In den meisten Fällen sind es äußere Faktoren wie ein falsches Schönheitsideal, das zu großen Unsicherheiten führt.

Falsche Schönheitsideale adé!

Je nach Kulturkreis oder Gesellschaft, herrschen bestimmte Schönheitsideale in der Attraktivitätswahrnehmung vor. Menschen, die nicht dem jeweils vorherrschenden Schönheitsideal entsprechen, erleiden dann oft Nachteile in Form von Diskriminierung oder Ausgrenzung. Für solche Diskriminierungen, die aufgrund des äußeren Erscheinungsbildes stattfinden, wird der Begriff „Lookism" benutzt.

> „Lookism ist die Annahme, dass das Aussehen ein Indikator für den Wert einer Person ist. Sie bezieht sich auf die gesellschaftliche Konstruktion einer Schönheits- oder Attraktivitätsnorm und die Unterdrückung durch Stereotypen und Verallgemeinerungen über Menschen, die diesen Normen entsprechen und über diejenigen, die ihnen nicht entsprechen."[12]

Auch wir waren schon des Öfteren von Lookism betroffen. In der Schule hänselte man uns wegen unseren Haaren und Kinder fragten in Bezug auf unsere Hautfarbe, warum wir denn so dreckig seien. Auch wenn das für Frauen vorherrschende Schönheitsideal unserer Gesellschaft (zum Beispiel lange glatte Haare), heute einen Wandel erlebt und es immer mehr Diversität gibt, bekommen wir über KrauseLocke.de regelmäßig Nachrichten von Krauselocken, die in ihrem Alltag von Lookism betroffen sind und darunter leiden. Wie soll man es da überhaupt schaffen, sich in der eigenen Haut wohlzufühlen, sich selbst zu akzeptieren und eine Transition anzustoßen?

Shoutout an dich!

Eines steht fest: Der Weg zu wahrer Selbstakzeptanz ist ein fortwährender Prozess, der oft einer Achterbahnfahrt gleicht. Kaum ein Mensch schafft es, sich in jeder Lebenslage pudelwohl zu fühlen. Und das ist auch gut so, denn genau das ist das Leben. Wut, Ärger und Trauer gehören genauso dazu, wie Friede, Freude, Heiterkeit und Eierkuchen.

Wenn auch du vor den gleichen Verunsicherungen stehst wie wir, dann gehen die folgenden Zeilen raus an dich:

---

[12] wikipedia.org/wiki/Lookism. Zitiert nach: Neil Browne, Andrea Giampetro-Meyer: Many Paths To Justice: The Glass Ceiling, the looking Glass, and Strategies for getting to the other side.

Du bist eine einzigartige Krauselocke! Das ist auch so, wenn du dich im Moment vielleicht unwohl fühlst, sei es, weil deine Haare strapaziert sind oder du nicht weißt wie du am besten mit ihnen umgehen sollst. Vielleicht wird dir auch mulmig beim Gedanken an das, was dir bevorsteht. Aber genau das bedeutet die Transition. Sie steht für eine Veränderung. Transition bedeutet Wandel, nicht nur auf deinem Kopf, sondern auch in deiner Persönlichkeit. Die Transition ist eine Reise zu dir selbst. Die Selbstakzeptanz steht hierbei im Vordergrund und sie wird dir helfen, dich selbst mit anderen Augen zu sehen.

Unabhängig vom Bezug zur krausen Haarpracht, kann eine Transition auf zahlreiche Lebenslagen übertragen werden. Sie bedeutet schlichtweg eine Veränderung und diese kommt einem Naturgesetz gleich: denn die einzige Konstante im Leben ist die Veränderung. Tag und Nacht, Ebbe und Flut, Feuer und Eis – es gibt immer zwei Seiten der Medaille und alles befindet sich in einem stetigen, natürlichen Wandel.

Leider haben viele Menschen Angst vor Veränderungen. Darum stecken sie den Kopf in den Sand, verkriechen sich in ihrer Komfortzone und geben ihrem Umfeld die Schuld daran, dass in ihrem Leben so manches schiefläuft.

Im Prinzip ist dein Umfeld auch daran schuld, dass du dir die Haare glättest und du verunsichert bist, was dein Selbstbild angeht. An jeder Ecke siehst du Werbung in der schlanke Models mit glatten Haaren zu sehen sind und auch wenn du Instagram und andere Sozialen Medien öffnest, wirst du mit Bildern und Videos von vermeintlich perfekten Menschen konfrontiert, mit denen du dich zwanghaft vergleichst.

Vielleicht kamen deine Eltern in deiner Kindheit nicht mit deinen Haaren zurecht und irgendjemand hat dich wegen deines Aussehens beleidigt. Sowas verunsichert. Sowas zermürbt. Du stichst aus der Masse heraus, würdest aber am liebsten in ihr untergehen und dich anpassen. Ja, theoretisch trägt dein Umfeld Schuld an deiner Misere. Schließlich übt es ständig Einfluss auf dich aus. In Wahrheit liegt es aber in deiner Hand, was du daraus machst.

Übung macht die Meisterlocke!

Es ist fabelhaft, wenn du den Mut gefasst hast, dich zu verändern. Um eine erfolgreiche Transition oder „krause Reise" zu beschreiten, kannst du jetzt damit anfangen zu üben, dich nicht mehr mit anderen in deiner Umgebung zu vergleichen – egal ob sie glatte Haare haben oder Traumlocken. Du bist du! Konzentriere dich lieber auf die Dinge, die dir an dir selbst gefallen. Hör auf, dir einzureden du seist hässlich mit deinen natürlichen Haaren oder deiner Hautfarbe! Hör auf zu glauben, du müsstest dir um jeden Preis die Haare glätten, um in dieser Welt erfolgreich zu sein! Das ist natürlich alles leichter gesagt als getan und erfordert Übung, Übung und nochmals Übung. Aber hey! Das Leben ist ein Spiel und Übung macht die Meisterlocke!

Dein Unterbewusstsein: du bist, was du denkst!

Ich bin wertlos.

Ich bin unattraktiv.

Ich bin ein*e Außenseiter*in.

Niemand mag mich.

Alle starren mich an.

Ich bin hier das Opfer!

Kommen dir solche Aussagen bekannt vor? Diese und ähnliche Glaubenssätze liegen oft tief in uns verankert. Je öfter wir solche Sätze wiederholen, desto wahrscheinlicher werden sie zur eigenen Wahrheit. In unseren Gedanken steckt nämlich eine ganze Menge Kraft. In der Psychologie gibt es die Definition der selbsterfüllenden Prophezeiungen. Sprich: was wir erwarten, tendiert dazu, auch wirklich einzutreten. Dabei spielt unser Unterbewusstsein eine tragende Rolle. Man kann es mit einer Computer-Festplatte vergleichen, die uns vor einer ganzen Fülle an Emotionen und Gedanken schützt, die unser Gehirn täglich überflutet – das sind rund 1 Million Bit (umgerechnet 66 beschriebene Seiten), die das Hirn pro Sekunde verarbeiten und darüber entscheiden muss, was davon wichtig und unwichtig ist. Parallel dazu kommen Vorgänge wie das Sehen, Riechen, Schmecken oder Sprechen hinzu. Ganz schön viel zu tun also. Das Unterbewusstsein dient bei diesem Prozess wie ein Filter, und das was es filtert, speichert und lagert es ein. Um zu entscheiden, welche Informationen das Unterbewusstsein speichert, orientiert es sich an deren Wiederholung. Wenn du zum Beispiel eine neue Sprache lernst, gilt es Vokabeln zu lernen. Je öfter du diese wiederholst, desto eher gehen sie ins Unterbewusstsein ein. Irgendwann beherrschst du die anfangs unbekannten Worte und kannst sie jederzeit abrufen. Und genauso wie beim Lernen von Vokabeln, arbeitet das Unterbewusstsein auch mit allen anderen bewussten und gedanklichen Informationen. Je öfter du also bestimmte Gedanken denkst, desto eher verankern sie sich in deinem Unterbewusstsein. Ob die Gedanken jetzt positiv oder negativ sind, bewertet das Unterbewusstsein dabei nicht. Es arbeitet eben wie ein Computer, führt Befehle aus und hört dir so lange zu, bis es zu dem Schluss kommt, dass das, was du die ganze Zeit denkst, auch das ist was du willst. Du bist also das, was du denkst.[13] So wie du denkst, nimmst du die Welt um dich herum wahr, weil du dich „unterbewusst" auf die Dinge fokussierst, die deine Gedanken bestätigen, denn deine Gedanken begleiten dich ständig, dein ganzes Leben lang. Das worauf zu dich konzentrierst, verstärkt sich in deiner Wahrnehmung. Dein Fokus erschafft deine eigene Realität. Aber er kann sich jederzeit verändern.

Für eine erfolgreiche Transition ist es erforderlich zu versuchen, sich allmählich von Glaubenssätzen zu befreien, die dir nicht guttun. Das ist

---

[13] Vergleich: Manfred Overmann: Emotionales Lernen: Sentio, ergo cognosco.

natürlich leichter gesagt als getan und auch Rückschläge sind nicht selten. Folgende Tipps können dir jedoch dabei helfen, am Ball zu bleiben.

Keine Angst vor professioneller Unterstützung

Wenn ein Mensch sich schön fühlt und sich so annimmt wie er ist, dann strahlt er*sie Selbstbewusstsein und Zufriedenheit aus. Das hat eine unglaubliche Auswirkung aufs gesamte Leben. Erst wenn du dich so annehmen kannst wie du bist, sehen auch andere Menschen deine innere und äußere Schönheit. Selbstliebe ist also das A und O bei jeder gewollten Veränderung in deinem Leben.

Auch wenn wir dir hier eine Menge Do-it-yourself-Tipps an die Hand geben und unsere persönlichen Erfahrungen, möchten wir dir raten, jederzeit auch professionelle Hilfe in Anspruch zu nehmen – und zwar nicht nur von geschulten Frisör*innen, die sich mit deinen Haaren auskennen. Solltest du stark unter negativen Gedanken, Selbstablehnung oder gedrückter Stimmung leiden, ist es auf jeden Fall ratsam mit einem Psychologen oder einer Psychologin zu sprechen. Hinter deinen Symptomen könnten beispielsweise eine Depression oder andere seelische Erkrankungen liegen, die du mithilfe eines geschulten Therapeuten bearbeiten kannst.

Esther: *Es ist überhaupt nichts Verwerfliches daran, einen Psychologen oder eine Psychologin aufzusuchen. Ich selber habe eine tiefenpsychologische Gesprächstherapie gemacht, die mir sehr dabei geholfen hat, mich besser zu verstehen und anzunehmen. Wir leben in einer Welt, in der wir am liebsten alles schnell und selbstständig schaffen wollen. Doch vor allem die Arbeit an der eigenen Psyche kann kräftezehrend sein und professionelle Hilfe wirkt heilsam und sollte kein Tabuthema in unserer Gesellschaft sein.*

Übungen zum Perspektivwechsel: schaffe deine negativen Glaubenssätze ab!

Schönheit ist eine Frage der geistigen Haltung und eine schöne Ausstrahlung lässt jeden Menschen auch schön wirken. Wenn du dir das nicht vorstellen kannst, haben wir hier ein paar Übungen für dich, die dir dabei helfen können.

Die erste Übung klingt leichter, als sie ist: Dankbarkeit. Klar, wenn uns jemand einen Gefallen tut oder uns etwas gibt, dann sagen wir in der Regel „danke". Aber wie sieht es in anderen Lebenssituationen aus? Nehmen wir da nicht viele Dinge für selbstverständlich, wenn wir sie überhaupt beachten? Und genau hier setzt die Dankbarkeits-Übung an. Um das Bewusstsein und die Achtsamkeit zu schulen und den Fokus zu verlagern, kann es hilfreich sein, damit anzufangen wieder mehr Dankbarkeit ins eigene Leben zu integrieren.

Esther: *Dankbarkeit hat mir oft geholfen, aus negativen Abwärtsspiralen wieder herauszukommen. Ich finde es schon wichtig, auch meine dunklen und traurigen Gefühle zu fühlen. Wenn diese aber drohen, Überhand zu nehmen, richtet Dankbarkeit meinen Fokus darauf, wie viel es da in meinem Leben gibt – Menschen und Dinge - und wie gut ich es im Grunde habe. Sie macht mich auch darauf aufmerksam, dass viele meiner Probleme Luxusprobleme sind. Mein Körper ist gesund und ich kann ihn nutzen, gehen, schreiben, lachen, tanzen. Ich habe ein Dach über dem Kopf, Kleidung, eine Ausbildung und ich kann Geld verdienen. Dafür bin ich dankbar. Ich bin auch dankbar für das saubere Trinkwasser, das tagtäglich aus dem Wasserhahn fließt und wenn ich abends ins Bett gehe, bin ich dankbar für das Bett und die Matratze, für die Bettwäsche und das Schlafzimmer. Ich bin dankbar für den Stuhl auf dem ich sitze, danke für den Laptop, an dem ich diese Zeilen schreiben kann. Ich bin dankbar, dass du dieses Buch in den Händen hältst. Alles besteht* *letztendlich aus Schwingungen und Frequenzen, das ist neu-wissenschaftlich bewiesen. Der Schreibtisch an dem ich sitze schwingt genauso wie mein Körper und meine Emotionen. Es gibt Emotionen mit hohen und Emotionen mit niedrigen Frequenzen und wir schwingen immer mit den Frequenzen auf einer Welle, die unseren eigenen ähneln, ziehen sie somit in unser Leben. Dankbarkeit ist eine hochschwingende Frequenz, genauso wie Freude und Liebe. Und wenn ich Dankbarkeit ausstrahle, ziehe ich doch automatisch Dinge in mein Leben, für die ich wiederum dankbar sein kann.*

Neben dem regelmäßigen Üben des Dankbarseins, kannst du eine Liste mit allen Dingen erstellen, die dich ausmachen. Auch Dinge, die du an deinem Äußeren schön findest. Konzentriere dich dabei auf die „guten" Dingen und schreibe deine negativen Glaubenssätze um. Wenn du dir zum Beispiel denkst: „Ich bin unattraktiv!" – dann versuche einmal, diesen negativen Gedanken umzukehren. Sage dir also stattdessen: „Ich bin attraktiv! Ich finde mich schön! Schönheit liegt im Auge des Betrachters, jeder Mensch hat ein anderes Empfinden für Attraktivität und darum gibt es auch Menschen, die mich schön finden, solange ich es auch tue!"

Das mag sich zugegebenermaßen zunächst komisch anfühlen, vielleicht als würdest du dich selbst belügen. Vielleicht fallen dir auf Anhieb auch nicht viele Dinge ein, die du an dir magst. Aber „so tun als ob" kann hilfreich sein, um das Unterbewusstsein zu programmieren. Betrachte es als Übung, dir wenigstens ein paar Minuten am Tag die Zeit zu nehmen, um dir selbst gegenüber ein paar nette Wort auszusprechen. Schaden kann es nicht!

Als zusätzliche Übung gilt: schau in den Spiegel! Das tun wir täglich, aber meistens konzentrieren wir uns auch dann nur auf unsere „Problemzonen". Sieh dir bei dieser Spiegelübung selbst tief in die Augen und anstatt auf Fehlersuche zu gehen, schaust du ganz bewusst nach dem, was schön ist an dir.

Wenn es dir anfangs sehr schwerfällt, dich mit deinen positiven Seiten auseinanderzusetzen, dann widme dich zunächst einmal bewusst den Dingen, die du an dir nicht magst. Schreibe sie schonungslos alle auf ein Blatt Papier auf. Im Anschluss kannst du ein kleines Ritual starten. Nimm deine Notizen und ein Feuerzeug, gehe raus an die frische Luft und verbrenne den Zettel mit den negativen Aussagen über dich selbst. Symbolisch gesehen befreist du dich so von ihnen und machst Platz für eine andere Perspektive auf dich selbst.

Verwandle dich in einen Schmetterling

Auf deiner krausen Reise wirst du viel lernen im Umgang mit deinen natürlichen Haaren und über deine Persönlichkeit. Du wirst dir Wissen aneignen und davon zehren – genauso wie die kleine Raupe Nimmersatt aus dem gleichnamigen Buch von Eric Carle. Sie frisst und frisst – bis sie pappsatt ist. Dann baut sie sich einen Kokon, kommt zur Ruhe, verdaut – und verwandelt sich am Ende in einen wohlgenährten Schmetterling.

Und du? Du lernst und wächst und wirst selbstsicherer und selbstbewusster – bis auch aus dir eines Tages ein wunderschöner Schmetterling geworden ist. Stolz und aufrecht mit einer leuchtend krausen Krone auf dem Kopf. Bis es soweit ist, wirst du vielleicht Rückschläge erleiden und „schlechtere" Zeiten erleben.

Damit du jedoch nicht aufgibst, folgender Tipp: Stell dir einfach jetzt schon vor, dir wachsen zwei große, schöne Schmetterlingsflügel auf dem Rücken, die dafür sorgen, dass du den Kopf nicht hängen lässt.

Und jetzt los! Lass deine Verwandlung beginnen!

TRANSITION-TIPPS

Tausch dich aus!

Als wir KrauseLocke gründeten, gab es noch nicht viele Infos in deutscher Sprache zu unseren krausen Haaren. Heute sieht das anders aus. Im Netz findest du mittlerweile sehr viele Tipps und Tricks, die dir bei der Entscheidung helfen, dein Haar natürlich zu tragen. Im KrauseLocke-Forum auf Facebook kannst du dich zudem mit Tausenden von anderen Krauselocken austauschen. Dort und in anderen Foren und Gruppen wirst du mit Sicherheit Gleichgesinnte antreffen oder Krauselocken, die ihre Haare bereits natürlich tragen und dir von ihren Erfahrungen berichten können. Sei dir sicher – du bist nicht allein.

Beachte am Ende des Tages aber immer: nur du kennst dich und dein Haar am besten. Die Entscheidung ob und wie du *natural* wirst, liegt bei dir. Hast du dich dazu entschieden, deine Haare natürlich zu tragen, ist eins besonders wichtig: hab Freude im Umgang mit deinen Haaren. Hat man den richtigen Dreh raus, ist das Leben mit krausen Haaren oder Locken einfach wunderbar. Man kann jede Menge Styles ausprobieren und sich selbst in einem natürlichen Licht erstrahlen lassen. Das Wichtigste ist einfach, dass du locker bleibst und nicht verzweifelst, wenn es mal nicht so klappt wie du es dir vorstellst. Auch die Haarpflege ist abhängig von der Tagesform und das nötige Maß an Gelassenheit hilft hier und da weiter.

Befreie dich!

Wenn du mit deiner Transition startest, lege deinen Fokus auf einen neuen Umgang mit deinen Haaren. Im Englischen gibt es die Redewendung: „The creamy crack rehab", die den Relaxer mit der Droge Crack vergleicht, von der man einen Entzug machen sollte. Und es stimmt: Relaxen kann süchtig machen. Jeder nachgewachsene Haaransatz kann dazu verleiten, gleich wieder zum Relaxer zu greifen. Das Gleiche gilt zum Beispiel fürs starke Blondieren der Haare. Wenn du also noch Relaxer oder Bleichmittel zu Hause hast – beseitige sie! Wie bei jedem Entzug, wird es auch während der Transition schwache Tage geben, an denen du mit deinen Haaren sehr unzufrieden bist. Da ist es ratsam, wenn die Versuchung nicht im Haus ist.

Auch Hitze beschädigt unser Haar. Ab und zu ist das Glätten der Haare mit der richtigen Pflege (zum Beispiel: Hitzeschutz) eine schöne Abwechslung und man sieht, wie lang die Haare sind, wenn sie sich nicht kringeln. Viele Krauselocken sind jedoch regelrecht süchtig danach, ihre Haare mit Hitze in Form zu bringen.

Esther: *Früher habe ich mir den Wecker extra früher gestellt. Ich hatte zwei Glätteisen. Eines, um mir die Haare zunächst zu glätten und ein zweites heißes Eisen mit Wellenaufsatz. Damit habe ich mir dann Wellen in die geglätteten Haare gebrannt. Es zischte oft auf meinem Kopf und roch immer etwas verbrannt im Badezimmer. Außerdem war es unbequem und tagsüber war ich müde, weil mir ein Extrastündchen Schlaf am Morgen gutgetan hätte. Aber ich fand mich so hässlich und wagte es einfach nicht, ohne die Prozedur das Haus zu verlassen.*

Vor allem bei solchen Härtefällen ist es ratsam, vom Glätten loszukommen. Das heißt aber nicht, dass du dein Glätteisen wegwerfen musst. Packe es einfach ein und verstaue es außer Reichweite im Keller oder auf dem Dachboden. Du kannst es aber auch einer Freundin geben, die solange darauf aufpasst. Für einen erfolgreichen Entzug ist es ohnehin schön, wann man Menschen in seinem Umfeld hat, die einen dabei unterstützen.

Viele Krauselocken begehen außerdem den Fehler und fallen nach der Abhängigkeit von Relaxer, Glätteisen oder chemischen Mitteln direkt in eine neue Sucht: sie werden zu *Product-Junkies* (siehe Glossar), die sich zahlreiche Haarpflegeprodukte anschaffen und darin die Lösung für ihre Probleme sehen. Der Fokus sollte allerdings nicht auf den Produkten liegen. Kein Produkt der Welt kann deine Haare wie von Zauberhand „schön machen", wenn du mit deinen Locken nicht richtig umgehst.

Achte auf die Transition-Linie!

Wenn du dir deine Haare relaxed hast, ist die Transition-Linie die Stelle an deinen Haaren, wo deine gesunden, nachgewachsenen Haare in die kaputten Längen und Spitzen übergehen. Sie ist sehr empfindlich und anfällig für Haarbruch. Ob es dazu kommt, hängt davon ab wie sorgfältig und vorsichtig du deine Haare behandelst. Wann der richtige Zeitpunkt zum Trennen dieser Linie gekommen ist, entscheidest du selbst. Trennen bedeutet Haareschneiden. Setze dich dabei aber nicht unter Druck. Es kann etwas dauern, bis deine gesunden Haare auf eine für dich passende Länge gewachsen sind. Als Faustregel für den Haarwachstum gilt: das Haar wächst 1 bis 1,5 Zentimeter im Monat. Wer also 10 – 15 cm *Natural Hair* haben will, muss mit einem Jahr Wachstumszeit rechnen.

Du kannst deine natürlichen Haare ruhig erstmal wachsen lassen, ohne den relaxten oder beschädigten Teil direkt abzuschneiden. Wenn deine gesunden Haare eine Länge erreicht haben, mit der du gut leben kannst, ist es dann allerdings Zeit fürs Schneiden. Die Gefahr, dass sich Spliss und brüchige Haarpartien auf das gesund nachwachsende Haar auswirken, ist zu groß.

DER BIG CHOP: ERFAHRUNGSBERICHTE AUS DER KRAUSELOCKE-COMMUNITY

Big Chop. Auf Deutsch heißt das so viel wie: Der große Hieb. Klingt erstmal etwas brutal, ist aber für einen guten Zweck. Beim Big Chop fallen sämtliche chemisch geglätteten Haare der Schere oder gar dem Rasierer zum Opfer. Aber zugegeben: vor allem für weibliche Krauselocken, die mit dem Gedanken einer Transition spielen, ist der Big Chop erstmal keine verlockende Lösung. Oft sind Ängste dafür verantwortlich. Das gängige Schönheitsideal von Frauen mit langen seidig-glatten Haaren hat nicht selten Schuld daran. Wie sehe ich mit kurzen Haaren aus? Bin ich dann noch attraktiv? Was sagt mein Partner dazu? Was werden Freunde und Familie sagen? Wie reagiert mein Umfeld? Kann ich mit kurzen Haaren überhaupt umgehen? Beim Gedanken an einen kurzgeschorenen Damenschopf, können viele Fragen aufkommen.

Für Krauselocke Lena kam ihr Big Chop einem Befreiungsschlag gleich. Die radikale Veränderung erfuhr sie letztendlich jedoch als sehr positives Erlebnis. Ihre Erfahrungen teilt sie mit uns im folgenden Interview.

Liebe Lena, warum hast du dich für den Big Chop entschieden?

In erster Linie wollte ich ein authentisches Haar-Idol für meinen kleinen Sohn sein. Ich hatte das Gefühl, dass es nicht so schlüssig ist, wenn ich

seine Haare zelebriere, meine Haare aber ständig glätte und anderweitig manipuliere. In zweiter Linie hatte ich nach über 25 Jahren einfach keine Lust mehr auf Abhängigkeiten, ewige Sitzungen bei der Haarverlängerung und so weiter. Mit Ende 30 war ich endlich bereit, meine eigenen Haare, wie sie aus dem Kopf wachsen und wie ich sie seit dem 12. Lebensjahr nicht mehr gesehen habe, anzunehmen. Es war mir plötzlich ein dringendes Bedürfnis. Als 3. Punkt wäre auch noch anzuführen, dass es ein politisches Statement war. Ich bin aufgewacht und hatte einfach keine Lust mehr dem europäischen Schönheitsideal zu entsprechen. Ich wollte ein Zeichen setzen, dass mein, unser Natural Hair genau richtig ist.

War es eine spontane Entscheidung oder hast du dich darauf vorbereitet?

Im April 2012 hatte ich das letzte Mal Relaxer auf dem Kopf. Ich war genervt vom Gestank, vom Schmerz, weil mir die linke Seite wieder etwas verbrannt ist (noch heute bin ich an der Stelle etwas kahl) und diesem Gefühl, die Prozedur in 4 Monaten wiederholen zu „müssen". Eine Woche später war ich schon intensiv im Netz unterwegs und habe recherchiert: Haarpflege, Frisuren, Youtube-Tutorials, Berichte. Und ich stieß auch über Erfahrungsberichte, die den Big Chop behandelten. Jede freie Minute habe ich mich durch- und eingelesen und wurde mir immer sicherer. An dieser Stelle verdanke ich dem Internet sehr viel: ich hatte binnen kürzester Zeit viele Informationen und war gewappnet. Ich war bereits im Transitioning-Modus! Allerdings bin ich ein sehr ungeduldiger Mensch. Habe ich im April noch geglättet, so wollte ich bereits im Mai schon meine Locken erfahren und erleben. Am 22.05.12 habe ich dann die Entscheidung gefällt: Runter damit! Ich habe noch bis Juli abgewartet, da ich nicht eine komplette Glatze haben wollte. Wenigstens ein paar Zentimeter Haar auf dem Kopf wollte ich vorweisen.

Hast du dir die Haare selber abgeschnitten oder dir professionelle Hilfe geholt?

Ich war beim Afro-Frisör. Die Vorbereitung war etwas enttäuschend. Für mich war es ein sehr großer und mutiger Schritt und ich hätte mir gewünscht, dass die Black Hair Salons wenigstens etwas mit dem Begriff „Big Chop" anfangen können. So habe ich mich durch die Frankfurter Salons telefoniert und keiner hat verstanden was ich wollte und es kam die Nachfrage, was dann mit den Haaren geschehen sollte. Als ich sagte: „nichts, das soll so bleiben", war die Ungläubigkeit schon durch den Telefonhörer greifbar. Übertrieben gesagt: ich hätte mir Sektfontänen und Konfettiregen gewünscht, weil es so wichtig für mich war. Stattdessen wurden mir die Haare dann in einem Basement in einem Salon ohne Gefühlsausbrüche runterrasiert und mir sogar noch nahegelegt, dass ich Extensions reinmachen soll. Und ich dachte nur: „Leute, das hier ist mein Erwachen und die Befreiung aus den Schönheitsnormen! Applaus, bitte!?"

Hattest du Angst vor dem Big Chop und wie bist du damit umgegangen?

Als es soweit war und ich im Stuhl saß, schlug mein Herz bis zum Hals. Wow... ich war sehr aufgeregt und gespannt und plötzlich etwas unsicher. Es ging los und es gab kein Zurück mehr. Ich bestand nur aus Kopf und das ganze Erscheinungsbild hat sich verändert.

Seit Jahren hatte ich lange Haare in allen Variationen. Ich wusste nicht, wie mir kurzes Haar steht. Das hat mich am meisten verängstigt. Ich hatte auch keine Ahnung, wie ich tatsächlich mit dem Natural Hair zurechtkomme. Natürlich habe ich Tutorials gesehen aber mir ist auch bewusst, dass Haarstrukturen unterschiedlich sein können. Diese ganzen Gedanken gingen mir durch den Kopf. weniger hatte ich Angst davor, was mein Umfeld sagt, sondern, wie es mir gefällt. Wenn es mir super gefällt, kann ich es nach außen hin auch vertreten, nur was, wenn nicht?

Wie hast du dich gefühlt, als die ersten Strähnen abgeschnitten wurden?

Die relaxten, kaputten, trockenen Flusen fielen auf dem Boden, mein Natural Hair kam zum Vorschein und so dramatisch es auch klingt: ich habe mich plötzlich frei gefühlt.

Wie hast du dich nach dem Big Chop gefühlt?

Sehr seltsam. Wie gesagt, ich habe plötzlich nur aus Gesicht bestanden. Bin als erstes in den Afro-Shop und habe mich mit tollen Natural Produkten belohnt. Fairerweise muss ich sagen, dass ich die ersten zwei Tage tatsächlich nur mit einem Tuch auf dem Kopf rumgelaufen bin. Es war mir doch etwas zu ungewohnt. Am dritten Tag habe ich mich aufgebrezelt, weil wir in den Urlaub gefahren sind und da habe ich mich sehr wohl gefühlt. Es war durchaus ein Reinwachsen. Ich habe große, auffällige Ohrringe tragen können und habe mich extrem geschminkt. Ein völlig neuer Style und nach einer Woche waren mein Körper, Geist und Seele tatsächlich eins.

Wie hat dein Umfeld auf den Big Chop reagiert?

Ich habe eine sehr gute Schwarze Freundin, die seit Jahren schon Natural Hair trägt. Als ich ihr von meiner Entscheidung erzählte, bestärkte sie mich sehr darin, es zu tun. An dieser Stelle spreche ich nochmal meinen Dank darüber aus, dass sie nicht über mich gewertet hat, als ich relaxed unterwegs war. Ich habe sie an meiner Hair Journey teilhaben lassen und diese Zeit empfinde ich als unglaublich empowernd, fast spirituell und bestärkend, wenn ich zurückblicke.

Ansonsten befinde ich mich in einem sehr weißen Umfeld. Man fand meine Entscheidung mutig. Viele wissen aber gar nicht die wahren Beweggründe. Man fragte mich nur, ob mit meiner Ehe alles in Ordnung sei. Soweit hatte ich gar nicht gedacht, dass das auch so gewertet werden kann. Da ich mich sehr schnell wohlgefühlt habe, sind mir aber auch anderweitige Meinungen sehr egal gewesen.

Wie geht es dir heute mit der Entscheidung?

Ich bereue keinen abgeschnittenen Zentimeter. Ich wünschte, ich hätte dies viel früher gemacht. Meine Haare wachsen schnell und sind gesund.

Ich komme super mit der Pflege klar und kann tolle Frisuren machen. Für mich ist es eine neue Lebensqualität und ich fühle mich als Ganzes.

Was rätst du Krauselocken, die noch unsicher sind, ob sie den Schritt wagen sollen?

Zu überlegen, woher die Unsicherheit kommt. Viele (auch ich) sind sehr gehirngewaschen, wird afrikanisches Haar doch als unattraktiv und hässlich angesehen. Viele sind unsicher, wie das Umfeld reagieren wird. Das sind alles Entscheidungen, die einem im Wege stehen. Manchmal sollten es doch nur Haare sein. Ich kann nur mit Pluspunkten aufwarten: nie wieder Unmengen an Geld und Zeit investieren, um Weavings oder Open Braids zu machen. Ich bin ein Pflegemuffel und war nie schneller fertig als heute und sehe besser aus als je zuvor. Nie wieder relaxen und somit gesundheitsschädliches im Körper aufnehmen. Ich kann schwimmen gehen und im Regen tanzen, wenn ich will, ohne dass ich Panik haben muss. Ich glaube, dass „Natural Hair" Selbstliebe bedeutet. Ich möchte niemanden verurteilen, der fremde Haare trägt und sich seine Krause glättet, aber schaut Euch um im Netz. Es gibt so viele schöne natürliche Schwestern und Brüder, die Standing haben und sich keinem Diktat unterwerfen... das bedeutet für mich einfach Erlösung vom Gesellschaftsdruck.

Was rätst du Krauselocken, deren Umfeld die „neue Frisur" nicht akzeptiert?

Wenn es die Krauselocke selbst akzeptiert, sollte sie auf die Meinung anderer pfeifen. Wenn sie sich selbst noch unsicher ist, werfen negative Bemerkungen einen natürlich zurück. Geht ins Netz, ergötzt Euch an den Möglichkeiten unserer Haare und Frisuren, sucht Euch Vorbilder. Wenn alle Stricke reißen, würde ich auf Braids und Twists mit Kunsthaar umsteigen.

Wie hast du deine kurzen Haare gepflegt?

Nach dem Big Chop habe ich sie mir alle 2 Wochen gewaschen und täglich einen Leave-In + Öle benutzt. Es war interessant zu beobachten, dass, je länger die Haare wurden, plötzlich die Pflegeprodukte nicht mehr griffen. Also musste ich neue suchen und umsteigen. Am Anfang habe ich noch Kuren gemacht. Das mache ich, muss ich zu meiner Schande gestehen, gar nicht mehr. Meine Haare funktionieren super mit einem Wash & Go, manchmal wasche ich auch nur mit einer Spülung und schaue, dass sie genug Feuchtigkeit haben. Das ist eigentlich mein primärer Punkt. Ansonsten kann ich nur rate: let it grow, let it grow, let it grow!

Wie verlief deine Transition nach dem Big Chop?

Die ersten zwei Jahre habe ich sie nur wachsen lassen. Dann war ich bei einem Frisör, der mir nur die Spitzen geschnitten hat. Jetzt, wo sich mein „Nappyversary" zum dritten Mal jährt, habe ich mich mit einem schicken Kurzhaarschnitt belohnt, denn ich weiß, die Haare wachsen und das wunderschön.

Auch Krauselocke Katharina hat den Big Chop gewagt: „Ich war mit meinen Haaren schon längere Zeit unzufrieden. Meine Locken waren sehr trocken, nicht mehr so lockig wie früher und sehr strapaziert. Ich hatte vieles probiert um sie zu retten aber nichts hat wirklich gut funktioniert. Dann recherchierte ich im

Internet was ich sonst noch ausprobieren könnte und wurde so auf den Big Chop aufmerksam.

Warst du direkt Feuer und Flamme?

Ich bin nicht so der spontane Typ, ich musste mich langsam darauf vorbereiten. Sechs Monate lang habe ich darüber nachgedacht bis ich mich endlich dazu entschlossen hatte. Zuvor habe viel im Internet über den Big Chop recherchiert, viele Blog-Posts zu dem Thema gelesen und danach habe ich angefangen im Netz nach Frisuren zu suchen für kurzes lockiges Haar. Ich habe mich dadurch inspirieren lassen und nur mit meinem Mann darüber geredet. Eines Tages bin ich mit zwei Fotos in der Hand dann zum Frisör gegangen.

Hattest du Angst vor dem Big Chop?

Ja, und wie! Ich war echt nervös, aufgeregt und hatte große Angst das mir die Frisur am Ende doch nicht steht und ich dann einfach nichts dagegen tun kann. Meine Locken waren ein Teil meiner Identität, etwa wie mein Markenzeichen und dies einfach so wegzunehmen war schon eine schwierige Entscheidung. Ich hatte Angst das mir kurze Haare nicht stehen und dass ich wie ein Junge aussehen würde. Dies kommt von meiner Kindheit, weil mein Vater mich mal mit zum Frisör genommen hatte als ich vier Jahre alt war, und ich dann wie ein kleiner Junge aussah. Ich war traumatisiert! Als Mantra zur Vorbereitung auf den Big Chop habe ich mir gesagt, Haare wachsen wieder und ich werde es einfach mal ausprobieren. Wenn das bedeutet das meine Naturlocken gesund wieder zurückkommen, dann hat sich das ja schon gelohnt.

Wie hast du dich gefühlt, als die ersten Locken abgeschnitten wurden?

Ich glaube das habe ich nicht so ganz realisiert am Anfang, da immer nur ein bisschen herunterfiel. Erst als er dann mit der Maschine angefangen hatte mir die Seiten zu kürzen habe ich nur gedacht „Oh mein Gott, das passiert jetzt wirklich!"

Wie hast du dich nach dem Big Chop gefühlt?

Erleichtert. Es war wie ein Neuanfang für mich. Ich habe vieles losgelassen was ich nicht mehr brauchte. Es war Zeit mich neu zu definieren, mutig zu sein, aus meiner Komfortzone zu steigen und mehr Spaß am Leben zu haben.

Wie hat dein Umfeld auf den Big Chop reagiert?

Mein Mann war sprachlos ich habe sogar seine Reaktion mit dem Handy aufgenommen. Er liebt es, er findet damit habe ich noch mehr Persönlichkeit. Bei meinen Freunden und Arbeitskollegen war es gemischt. Einige waren sprachlos und dachten nur wie cool und mutig ich war und dass ich wie Rihanna aussah. Anderen gefiel es nicht.

Wie geht es dir heute mit der Entscheidung?

Ich bin so froh, dass ich es getan habe! Das war für mich die richtige Entscheidung. Der Anfang war echt nicht einfach. Ich kämpfte trotzdem mit meinem Selbstbewusstsein, da ich ja nichts mehr hatte wohinter ich mich verstecken konnte und ich durch meinen Haarschnitt generell viel Aufmerksamkeit bekommen hatte. Aber nach knapp einem Jahr, bin ich so zufrieden mit meinen Haaren, das ich es jederzeit wieder tun würde. Außerdem hatte ich Spaß beim Ausprobieren von neuen Frisuren und morgens habe ich so viel Zeit beim Fertigmachen gespart, das war genial!

Was rätst du Krauselocken, die noch unsicher sind, ob sie den Schritt wagen sollen?

Du solltest dir wirklich bewusst sein das es lange dauern kann bis deine Haare auswachsen und wenn du dir nicht sicher bist, dann warte lieber noch etwas. Erstelle dir auf Pinterest eine Leinwand mit Bildern von kurze Frisuren die dir gefallen und lass dich auch gerne von Freunden oder Familie beraten. Am Ende musst du aber für dich entscheiden ob du damit klarkommen würdest, und ob du es aus den richtigen Gründen machst. Wenn du es machst dann, weil es DIR wichtig ist.

Was rätst du Krauselocken, deren Umfeld die „neue Frisur" nicht akzeptiert?

Meine Schwiegermutter war überhaupt nicht davon begeistert und sagte mir immer „Warum hast du das getan, deine Locken waren doch so schön!". Damit muss man auch klarkommen, dass nicht jeder das schön finden wird. Ich habe ihr einfach gesagt das ich das für mich gemacht habe, weil es notwendig war, da meine Locken so kaputt waren. Irgendwann hörte sie dann auch auf sich darüber zu beschweren.

Wie pflegst du deine kurzen Haare?

Ich habe die Seiten mit einem Föhn und Keramik-Bürste gekämmt und geglättet. Bei den Locken habe ich anfangs mit einem Haarwachs gearbeitet (da diese nicht so lang waren) und auch öfters mit einem leichtem Gel.

Wie verläuft deine Transition nach dem Big Chop?

Ganz gut, ich habe meine Pflege etwas ändern müssen als meine Haare länger wurden z.B. öfters eine Kur machen, Kopfhaut reinigen, meine Locken mit Öl regelmäßig pflegen und natürlich mehr Gel und Schaumfestiger benutzen.

Genauso wie Lena und Katharina wagte auch Krauselocke Olaide aus Berlin ihren Big Chop mit etwa 16 Jahren. Sie erzählt:

Bis ich ungefähr zehn Jahre alt war, habe ich mich eigentlich nie wirklich darum gekümmert, wie ich meine Haare pflege oder style. Ich bin bei meiner deutschen Mama aufgewachsen, die ihr Bestes tat, aber auch nicht wirklich wusste, dass meine krausen Haare eigentlich eine besondere Pflege benötigen.

Wie so viele Mädchen in diesem Alter habe ich mich stark von Medien und den beliebten Mädchen in meinem Umfeld beeinflussen lassen. Seitdem ich für mich selbst denken konnte, wollte ich deshalb glatte

Haare haben, denn die wurden und werden (leider zum Teil ja immer noch) so als das Standard-Schönheitsideal angesehen. Selbst wenn es nicht laut ausgesprochen wurde, war das Gefühl, das einem vermittelt wurde: Du bist nicht normal.

Als Kind gab es eine Zeit, da hätte ich mich niemals mit offenen Haaren auf die Straße getraut.

Als ich dann etwa 13 war, hat mir meine Ma zum ersten Mal erlaubt, die Haare chemisch glätten zu lassen. Ich wusste damals gar nicht wirklich wie das funktioniert und wie schädlich es für die Haare ist. Heute bereue ich diese naive Entscheidung. Andererseits hat mich dieser Schritt auch in eine ganz neue Welt geführt, denn das erste Mal habe ich mich wirklich mit meinen Haaren auseinandersetzen müssen. Hier begann dann alles. Das Glätten ging ein paar Jahre, aber wirklich glücklich war ich mit meinen Haaren trotzdem nie. Sie wurden strohig und brüchig und irgendwie war es (außer direkt nach dem Frisörtermin) doch nie ganz so, wie ich mir glatte Haare vorgestellt habe.

Hin und wieder habe ich Mädels auf den Straßen gesehen, die ihre krausen Locken natürlich trugen. Besonders in der Zeit in der ich meine Haare glatt hatte, fiel mir das auf. Irgendwann wurde ich neugierig. Warum sahen meine Locken nie so aus? Was hatte ich falsch gemacht?

Dann fing ich an zum Thema „Afrohaare" zu recherchieren. Ich las viel und sah mir verschiedene Videos im Internet an. Und siehe da – ich fand Hunderte von jungen hübschen „Beauty-Gurus" mit krausem Haar, die genau erklären wie man mit den Haaren umgehen sollte. Zwar gab es zu der Zeit oft nur Afroamerikanerinnen und leider nur wenig Afrodeutsche, die Tipps gaben, aber das stellte für mich kein Problem dar. Dass diese jungen selbstbewussten Frauen ihre krausen Haare so trugen wie sie waren und es liebten, war für mich total neu. Von da an beschäftigte ich mich mit den verschiedenen Haarpflegemethoden und googelte oft stundenlang nach „Styles für Afrohaare". Ich glaube auf diese Weise habe ich auch irgendwann KrauseLocke.de entdeckt. Statt auf der Straße den hübschen glatten Haaren meist europäischer Frauen hinterherzutrauern, bewunderte ich nun die Mädels im Internet, die einfach sie selbst waren und damit auch noch total glücklich. Das wollte ich auch.

Nach einigen Gesprächen mit meiner Mama und den besten Freunden, beschloss ich endlich den nächsten Schritt zu wagen. Weg mit den kaputten, nicht mehr so wirklich schönen Haaren und her mit der Traummähne. Transitioning ohne Big Chop kam für mich nie wirklich in Frage. Ich wollte einfach, dass es mehr als das ist. Ein großer Schritt, ein Statement. Ich machte also einen Termin bei einem Berliner Afrofrisör. Angst hatte ich aber keine. Ich war freudig und aufgeregt, weil ich mir zuvor Gedanken gemacht hatte, ob mir kurze Haare stehen würden.Wirklich Angst hatte aber eher meine Frisörin. Sie hat sich ganz lieb um mich gekümmert und sich Sorgen gemacht, dass ich es bereuen könnte oder mir nicht gefallen werde mit kurzen krausen Haaren. Sie hat bestimmt zehn Mal gefragt, ob ich mir sicher bin.

Als die ersten Strähnen dann endlich abgeschnitten wurden, wusste ich sofort es ist die richtige Entscheidung. Manchmal ist ein Bauchgefühl so deutlich, da gibt es keinen Zweifel. Das war so ein Moment. Das war etwas, was ich nur für mich getan habe und es war wie ein kleiner Befreiungsschlag. Ich war stolz, dass ich es einfach durchgezogen habe *und nicht mehr auf irgendwelche allgemein angesehenen Beautystandards hörte, sondern auf mich selbst.*

Von meinem Umfeld her kamen hauptsächlich positive Reaktionen, von Fremden auch. Meine Freunde fanden es alle total mutig von mir. Meine Familie unterstützte das Ganze auch von Anfang an. Die meisten meinten, dass es so tausendmal besser aussah als geglättet, weil das einfach ich selbst war.

Ich könnte im Nachhinein nicht glücklicher mit meiner Entscheidung sein.

Wenn ich mich mit dem deutschen Teil meiner Familie darüber unterhalte, verstehen sie nicht so ganz, warum das so ein großes Thema für mich ist. Aber vielleicht kann man es nicht, wenn man die Blicke und die Kommentare über Hautfarbe und Haar nicht am eigenen Leib erlebt. Trotz Unterstützung und Bestärkung aus der Familie, prägt einen die Außenwelt ja auch von Geburt an und wenn man dort nicht von Anfang an gelernt hat, dass krause Haare etwas ganz Normales und Schönes sind (und man selbst damit auch ganz normal und schön ist), dann entstehen

leicht Komplexe und Unzufriedenheit. Früher waren Haare für mich wie ein Symbol dafür wer ich bin, was eigentlich totaler Quatsch ist. Hinter einem Menschen steckt doch noch so viel mehr. Heute sind mir die Haare natürlich immer noch sehr wichtig. Aber sie sind nichts mehr, das mich total definiert. Mein Big Chop und die Jahre mit kurzen Haaren haben mir wirklich geholfen das zu verstehen. Die eigenen Haare kennenzulernen und zu akzeptieren, pflegen und lieben zu lernen war für mich eine kleine Reise. Aber sie war es Wert, weil ich jetzt nicht nur meine Haare liebe, sondern auch mich selbst mit allem Drum und Dran.

Nachdem die Haare dann einmal kurz waren, habe ich sie bestimmt fast zwei Jahre noch so getragen und mit verschiedenen Styles herumexperimentiert, bis ich dann im Oktober 2012 – also mit 18 – anfing sie wachsen zu lassen. Ab hier hieß es einfach nur Geduld bewahren und ordentlich pflegen. Es gab auch Phasen in denen ich etwas unzufrieden war. Aber das ging oft schnell vorbei. Zwischendurch trug ich auch mal Braids und Twists um ein bisschen Abwechslung hinein zu bringen.

Zum Stylen habe ich von Anfang an nur Wasser, Öl und Haarbutter benutzt. Morgens die kurzen Haare feucht gemacht, Öl zum Schutz vor dem Austrocknen drauf und dann noch mit einem Lockendefiner (bei mir die Haarbutter) drüber. Gewaschen mit Shampoo nur einmal die Woche, sonst Cowashing. Meine Go-to Styles waren je nach Jahreszeit der Bun oder ein Wash and Go.

Mittlerweile achte ich auch auf Inhaltsstoffe der Haaprodukte. Das war früher nicht so. Jetzt versuche ich möglichst nur natürliche Produkte zu benutzen und wenn das einmal nicht geht, zumindest auf Silikone, Sulfate, Parabene zu verzichten.

Wenn mich andere Mädels Fragen würden, ob sie den BC wagen sollen, würde ich wahrscheinlich erst mal sagen: „JAAAA TUE ES!!!!! TRAUE DICH!!!" – einfach, weil es für mich eine so tolle Erfahrung war. Manche Menschen fühlen sich aber vielleicht unwohl mit kurzen Haaren und das ist nichts Schlimmes. Ich habe damals vorher bestimmt auch Ewigkeiten vor dem Spiegel gestanden und versucht die Haare so zu legen, dass sie kurz aussahen, um zu sehen, ob es mir steht. (Obwohl: Ich habe noch nie eine

"Krauselocke" mit kurzen Haaren gesehen, der es nicht stand.) Ich denke, es ist für jeden wichtig, selbst herauszufinden was die richtige Art und Weise ist. Für mich war der Big Chop das richtige, weil ich Veränderung wollte. Ich brauchte diesen Schritt in meiner Haarreise und ich brauchte ihn sofort. Aber da sollte man sich nicht durch die Meinung anderer beeinflussen lassen, sondern das tun, was sich für einen selbst richtig anfühlt.

Ich war mir damals vollkommen bewusst darüber, dass ich sehr viel Geduld brauchen würde und dass ich viel Akzeptanz für die Launen meiner Locken mitbringen muss. Jetzt kann ich sagen, das hat mich stärker und selbstsicherer gemacht. Am Anfang versuchte oft noch, jede einzelne Locke perfekt definiert und an der perfekten Stelle liegen zu haben. Bis ich da mal aus dem Haus kam, dauerte es eine Weile. Später dachte ich mir: umso größer und wilder der Afro, desto besser. Mein Schönheitsbild hat sich mit dieser Reise komplett verändert.

Krausenlocken, deren Umfeld die neue Frisur nicht akzeptiert, kann ich nur sagen: Solche Freundschaften sind nicht gesund. Du bist definitiv im falschen Umfeld. Deine Freunde sollten dich so lieben wie du bist. Wenn sie es nicht tun, sind sie es nicht wert! Umgebe dich mit Leuten die dich inspirieren und dich unterstützen.

Vom Big Chop zu Locs

Nach ihrer Transition war ging Olaides Haarreise noch ein ganzes Stück weiter. So weit, dass sie sich dazu entschloss, ihre Haare in Locs zu tragen. Das fanden wir so interessant, dass wir ihr ein paar Fragen dazu gestellt haben.

Wie trägst du deine Haare heute?

Mittlerweile trage ich meine Haare in Locs, nachdem ich sie vorher über ein Jahr lang ganz kurz abrasiert getragen hatte.

Warum hast du dich für die Locs entschieden?

Meine Ästhetik und mein Schönheitsempfinden haben sich immer mehr gewandelt. Ich habe mich mehr zu Frisuren wie Locs hingezogen gefühlt, da sie für mich Natürlichkeit, Freiheit und auch eine Form von Spiritualität und Stärke ausstrahlen und quasi meine innere Einstellung mit nach außen tragen. Mir wurde damals gesagt, man wächst selbst mit seinen Locs mit als Person und das war ein großer Grund für mich, es einfach zu probieren /zu wagen.

Wie läuft der Prozess ab, der vollzogen werden muss, um Locs zu kreieren?

Es gibt verschiedene Möglichkeiten Locs zu erstellen oder entstehen zu lassen. Ich glaube die üblichste Methode ist, die Haare in feste Twists zu drehen und dann nicht mehr auseinander zu machen. So werden sie dann ganz normal in den Twists gewaschen und gepflegt, bis sich die Haare immer mehr zu Locs formen/ zusammenziehen. Andere erstellen die Locs aber auch durch „Backcombing" und zusammenhäkeln der einzelnen Strähnen mit einer winzigen Häkelnadel. (Das wird eher bei glatten Haaren so angewandt.)

Oft ist es ein großer Lernprozess die Locs zu verstehen. Es ist mit viel Geduld und Selbstakzeptanz verbunden, da es besonders am Anfang Phasen des Zweifels und der Unzufriedenheit mit dem Aussehen der Locs geben kann. Sie sehen eben nicht von Anfang an so aus, wie man es von Bildern kennt, sondern sind eher „frizzy" oder fusselig. Locs verändern sich in ihrer Gestalt und werden sozusagen erwachsen. Das kann schon 1-3 Jahre dauern, ich persönlich bin also eher noch mittendrin in der Erwachsenwerdens- oder „Maturing" Phase der Locs. Aber vorausgesetzt man pflegt sie angemessen, werden sie mit der Zeit immer schöner.

Wo hast du dir die Locs machen lassen?

Ich habe selbst begonnen indem ich mir Twists gemacht habe. Damals war ich allerdings vergleichsweise noch unwissend was die Pflege und die Entstehung der Locs angeht und habe mir nach etwa zwei Monaten in meinem Prozess nochmal von einer Bekannten helfen  *lassen, die Locs mit einer kleinen Häkelnadel etwas zu fixieren. Das würde ich heute nicht nochmal machen, sondern den Haaren einfach mehr Zeit geben. Mittlerweile gibt es zumindest in Berlin auch Afrofriseurläden, die sich um Locs kümmern und einem etwas Arbeit in diesem Prozess abnehmen, bzw. bei der Pflege helfen können.*

Wie pflegst du deine Locs?

Ich wasche sie etwa einmal die Woche (möglichst früh am Tag, da sie fast den ganzen Tag zum Trocknen brauchen). Ich benutze dafür Blacksoap, da diese sehr gut und tief reinigt. Locs müssen sehr gründlich und lange ausgespült werden. Nur selten nehme ich Conditioner dazu, da dies bei mir eher Rückstände in den Haaren hinterlässt. Zwischendurch besprühe ich die Locs mit einem Spray aus Arganöl, Ätherischen Ölen und Wasser (zum stylen, aber auch für die Feuchtigkeitspflege). Etwa einmal im Monat nehme ich mir dann mehr Zeit und „re-twiste" die Haare mit einem leichten selbstgemachten Gel am Ansatz und lasse sie so fixiert trocknen. (Hier ist Vorsicht geboten, denn Produkte können immer unschöne Rückstände hinterlassen). Andere Möglichkeiten, um die Ansätze frisch zu halten, sind z.B. häkeln oder „interlocking" (auch damit kann man wohl Locs beginnen). Nachts trage ich, genau wie früher mit meinen offenen Haaren, ein Satintuch zum Schutz.

MÄRCHEN ÜBER UNSERE KRAUSELOCKEN

„Deine Haare sind doch bestimmt total dick und wachsen langsamer als glatte Haare!"

Als wir noch nicht viel über unsere Krauselocken wussten, mussten wir uns oft solche und ähnliche Aussagen von Nicht-Krauselocken anhören. Eine richtige Antwort konnten wir darauf nie geben. Alles was uns nach solchen Kommentaren übrig blieb, war eine noch größere Verunsicherung und das Gefühl, nicht „normal" zu sein. Es gibt ziemlich viele Vorurteile, und Mythen über krause Haare und Locken. Aber lass dir keine Märchen erzählen! Unsere Favoriten der falschen Fakten zu unseren Haaren, verraten wir dir im Folgenden.

Afrohaare wachsen nicht!?

Es ist ein weit verbreiteter Irrtum, dass unser Haar nicht richtig wächst, solange es sich in seinem natürlichen Zustand befindet. In erster Linie ist das Wachstum des Haupthaars eines Menschen hormonell und genetisch bedingt und auch der individuelle Lifestyle spielt eine Rolle. Kopfhaar wächst im Schnitt einen Zentimeter im Monat – egal ob kraus, lockig oder glatt. Durch die unterschiedlichen Haarstrukturen ist das Wachstum vielleicht nicht immer auf den ersten Blick erkennbar. Durch *Shrinkage* (siehe Glossar) neigen krause Haare und Locken einfach dazu, sich zusammenzuziehen. Relaxen, übermäßiges Färben oder Hitzebehandlungen können darüber hinaus zu Haarbruch führen, was den Eindruck erwecken könnte, dass das Haar nicht richtig wächst. Ernährung und Lifestyle können einen Einfluss auf den Haarwuchs haben, allerdings bei jedem Menschen – nicht nur bei Krauselocken.

Krause Haare kann man nicht kämmen

„Kannst du deine Haare überhaupt kämmen!" Diesen Spruch hast du mit Sicherheit schon einmal gehört. Wir können dir nur sagen: Papperlapapp! Bestenfalls kämmen wir unsere Krauselocken im nassen Zustand, zum

Beispiel unter der Dusche. Oder wir versuchen es mit dem sogenannten Finger-Detangling und nutzen unsere Hände zum Entwirren unserer Haare. Um einen fluffigen Look zu kreieren, kannst du dir die Haare aber ruhig ab und zu mal trocken kämmen. Nur zu oft sollte das nicht passieren, um Haarbruch zu vermeiden. Mehr übers Haarekämmen, erfährst du im weiteren Verlauf dieses Buches.

Krause Haare brauchen Fett

Trockene Haare kennt jede Krauselocke. Viele glauben, dass unser Haar deshalb um jeden Preis Fett braucht und schmieren sich wahllos fettige Produkte ins Haar. Diese Glaubenssätze sind jedoch teilweise falsch. Viele der fetthaltigen Produkte enthalten ungünstige Inhaltsstoffe wie Mineral Öl oder Petroleum, die auf Dauer schädlich für Haut und Haare sind. Sie verstopfen die Poren der Kopfhaut und ziehen Schmutz an, was das Haarwachstum verlangsamt und für die Gesundheit schädlich ist. Eine bessere und empfehlenswerte Alternative ist es, die Haare mit natürlichen Ölen und Fetten zu befeuchten (z.B. Kokosöl, Shea Butter, Arganöl, Olivenöl). In erster Linie benötigt unser Haar jedoch Feuchtigkeit – nur dadurch können Haarprodukte Wirkung zeigen.

Protective Styles lassen die Haare wachsen

Ein weiterer Irrglauben in Bezug auf unsere Haare ist, dass Protective Styles in jedem Fall das sichtbare Haarwachstum fördern. Aber das ist nicht ganz wahr. Werden Zöpfe zu fest geflochten und falsch gepflegt, brechen sie leicht ab. Oft merkt man den Haarbruch gar nicht, da die Haare ja geflochten sind. Erst hinterher, beim Aufmachen der Zöpfe hat man dann das unschöne Ergebnis auf dem Kopf.

Auch wer regelmäßig eine Weave trägt, sollte aufpassen, dass die Haare darunter nicht jedes Mal im gleichen Muster geflochten werden. Das Flechtmuster sollte variieren. Es stimmt, dass Braids als Protective Styles die Haare vor Hitze und anderen, umweltbedingten Einflüssen schützen.

Trotzdem muss man auch bei diesen Styles darauf achten, dass man seine Haare gut pflegt.

Schneiden lässt die Haare schneller wachsen

Durch regelmäßiges Spitzen-Schneiden wachsen die Haare keinesfalls schneller. Haar, das aus dem Kopf herauswächst ist „tot". Wenn du es also schneidest, wird es keinen Turboantrieb entwickeln und schneller aus dem Kopf herauswachsen. Spitzen-Schneiden ist jedoch insofern sinnvoll, da es die Haare gesünder macht. Kaputte Spitzen müssen ab, da sie durch das Aufspalten das gesamte Haar schädigen können. Die Haare wachsen zwar nicht schneller, brechen aber an den Spitzen ab und werden nicht länger, wenn sie nicht regelmäßig gestutzt werden.

Krauselocken sind stärker und dicker als andere Haartypen

Das stimmt nicht! Krauses Haar ist sogar fast der fragilste Haartyp. Es ist anfälliger für Haarbruch – im natürlichen und relaxten Zustand! Außerdem verliert es viel schneller Feuchtigkeit als glattes Haar und trocknet schneller aus. Es ist sehr wichtig, regelmäßig Protein- und Feuchtigkeitsbehandlungen auf Krauselocken anzuwenden. Außerdem sollte man aufpassen, womit man sein Haar kämmt und bürstet. Haarwerkzeuge wie grobzinkige Kämme oder Naturhaarbürsten sind zum Beispiel sehr gut geeignet.

Krauses Haar ist nicht vielseitig

Viele Krauselocken glauben, dass man mit unseren Haaren nicht viel machen kann. Es sei einfach nicht vielseitig genug. Auch das ist weit entfernt von der Wahrheit. Es gibt eine Menge Styles fürs natürliche Haar. Man kann es drehen oder flechten zu Twists und Cornrows, den guten alten Afro tragen oder Dutts, Flat Twists, Bantu Knots und vieles mehr! Unser Haar ist vielseitiger als andere Haartypen und man kann so viel damit machen, dass die Auswahl fast schon schwerfällt! Alles was du dafür mitbringen musst, ist Geduld, die Bereitschaft zu lernen und neue Styles auszuprobieren.

Relaxer kann man auswaschen

Nein! Einige Krauselocken glauben tatsächlich, dass man bei relaxtem Haar den natürlichen Zustand der Haare annähernd wieder herzaubern kann, wenn man das Haar häufig genug wäscht. Das ist absolut falsch! Sobald das Haar chemisch geglättet ist, wird es auch so bleiben bis es abgeschnitten wird. Dies gilt im übrigen auch für sogenannte Texturizer. Das sind chemische Mittel, die ähnlich wie Relaxer wirken, allerdings findet auch hier das Haar nicht mehr in seinen natürlichen Zustand zurück. Der einzige Teil der Haare, der natürlich ist, ist das neu nachgewachsene Haar. Einzig bei Glättungsbehandlungen mit Keratin können die Haare nach mehreren Haarwäschen wieder in ihre natürliche Form zurückfinden. Aber auch hier ist Vorsicht gefragt, mit welchen Keratin-Produkten das Haar geglättet wird.

Kaputte Haarspitzen kann man reparieren

Das lässt die Industrie uns glauben und entwickelt immer wieder neue Mittelchen gegen Spliss. Aber sind die Haarspitzen einmal von Spliss befallen, können sie nicht einfach wieder repariert werden. Man sollte den Versprechungen der Anti-Spliss-Produkte also keinen Glauben schenken. Diese Produkte ummanteln das geschädigte Haar zwar mit einer Art Schutzschicht, reparieren es jedoch nicht dauerhaft. Spliss kann man nur vorbeugen mit der richtigen Haarpflege. Kaputte Haarspitzen sollten auf Dauer jedoch abgeschnitten werden.

HAARTYPEN BESTIMMEN

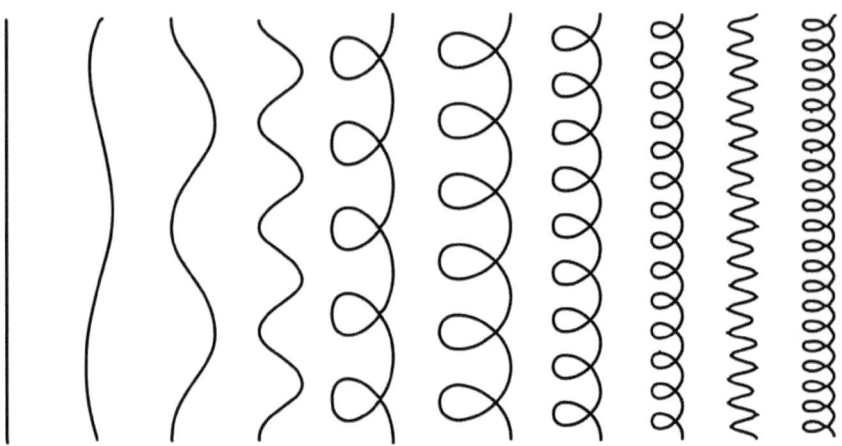

Man kann über den Sinn oder Unsinn streiten, unsere Krauselocken zu kategorisieren und in Schubladen zu stecken. Fakt ist allerdings, dass es für krause Haare und Locken mittlerweile diverse Kategorisierungsschemata gibt und bevor es losgeht mit der Pflege deiner Krauselocken, solltest du etwas über die verschiedenen Haartypen erfahren, die darin erfasst wurden. Demnach sind Krauselocken nämlich nicht gleich Krauselocken.

Oberflächlich betrachtet, werden Haarstrukturen in glattes, lockiges und krauses Haar unterteilt. Die Variationen sind jedoch vielfältig und von Mensch zu Mensch verschieden. Selbst auf ein und demselben Kopf können verschiedene Haarstrukturen wachsen. Wir sprechen da aus Erfahrung.

> **Esther:** *„Ich habe verschiedene Haarstrukturen auf dem Kopf. Hinten am Nacken sind meine Haare fein und wellig. Am Hinterkopf sind sie dann total kraus und das Haar an der linken Seite meines Kopfes unterscheidet sich leicht von dem auf der rechten Seite."*

Darüber hinaus kann sich die Haarstruktur im Laufe des Lebens, bedingt durch Alter, Hormone oder durch äußere Einflüsse wie häufige Hitzeanwendungen oder durchs Färben verändern. Wenn du weißt, mit welchen Haartypen du es auf deinem Kopf zu tun hast, kann dir das den Umgang mit deinen Krauselocken erleichtern, denn die Haarstrukturen unterscheiden sich oft in der Pflege. Letztendlich gilt jedoch die Devise: jeder Kopf ist anders und du kannst nur durch Ausprobieren herausfinden, welche Haarpflege am besten zu dir und deinen Bedürfnissen passt.

Um die Struktur der Haare zu bestimmen gibt es verschiedene Theorien und Ansätze. Das einfachste und auch vielfach in der Kosmetikindustrie verwendete System ist das *Natural Curl KeyTM System* des Kosmetikherstellers MIZANI. Das System definiert acht verschiedene Haartypen, die wir dir im Folgenden vorstellen.

TYP I: Glattes Haar bis sehr leichte Wellen.

TYP II: Lose, S-förmige Wellen

TYP III: Welliges Haar mit ausgeprägten S-förmigen Wellen und gleichmäßigem Wellenmuster.

TYP IV: Lockiges Haar mit definiertem Lockenmuster, Ringellocken und Korkenzieherlocken.

TYP V: Sehr lockiges Haar. S-Förmige, definierte und kleine Locken.

TYP VI: Leicht krauses Haar

TYP VII: Sehr krauses Haar

TYP VIII: Stark krauses Haar, kleine Locken im Zickzack-Muster.

Fotos dieser unterschiedlich Kategorisierten Haartypen lassen sich zum Beispiel auf der Internetseite von MIZANI[14] ansehen.

Das wahrscheinlich bekannteste System der Haartypenanalyse ist das System von Andrew Walker. Andrew Walker ist als Koryphäe in Sachen Haarpflege bekannt - vor allem von Afrohaaren. Seit über dreißig Jahren ist er als Haarstylist für die afroamerikanische Unternehmerin und Moderatorin Oprah Winfrey tätig. Walker unterteilt das Haar zunächst grob in vier übergeordnete Typen:

TYP 1:   Glattes Haar (Straight Hair)

TYP 2:   Welliges Haar (Wavy Hair)

TYP 3:   Lockiges Haar (Curly Hair)

TYP 4:   Krauses Haar (Kinky Hair)

TYP 1: Typ 1 ist der vorwiegend europäische oder asiatische Haartyp, wobei es auch Schwarze gibt, die glattes Haar haben. Das Haar im Typ 1 hat einen natürlichen Glanz, wenn es gesund ist.

TYP 2: Typ 2 Haare weisen ein leichtes bis stärkeres Wellenmuster auf. Welliges Haar, Ringellocken oder Korkenzieherlocken zählen hierzu. Im nassen Zustand sind die Haare hier beinahe glatt. Während die Haare trocknen, ziehen sie sich allerdings wieder in ihre natürliche Lockenform zurück. Bei diesem Haartypen werden die Haare lockiger, je länger sie wachsen. Die oben genannten Haartypen unterteilen sich in weitere Unterkategorien. So unterscheidet man im Typ 2 zwischen Typ 2 A, B und C.

TYP 2A: Die Wellen im Typ 2A haben eine nur schwache „S"-Form und liegen meist dicht an der Kopfhaut an. Typ 2A verfügt über einen

---

[14] mizani.com

natürlichen Glanz, hat aber kaum Volumen und Definition. **Pflegetipps:** Leichte Öle (Teebaum- oder Jojobaöl), sulfatfreie Shampoos.

TYP 2B: S-förmige und größere Wellen, als bei Typ 2A. Das Haar liegt aber auch dicht an der Kopfhaut an und neigt dazu, die S-Form schnell zu verlieren. **Pflegetipps:** Anti-Frizz Produkte, die Feuchtigkeit spenden, Cleanser mit Zitrusextrakten und Honig zum Versiegeln der Haare oder Trockenshampoos, um die Kopfhaut vor überschüssigen Ölen zu befreien, Protein-Behandlungen mit Mayonnaise, Ei, oder griechischem Joghurt, um die Elastizität der Haare zu verbessern.

TYP 2C: Das gröbste, gewellte Haarmuster – mehr Locken, als Wellen. Tendenziell ist das Haar widerstandsfähig, verliert aber auch schnell an Definition. **Pflegetipps:** Jojoba oder Arganöl-Produkte für mehr Feuchtigkeit und gegen Frizz, alle zwei Wochen eine Tiefenkur zum Beispiel mit Avocado- und Ei-Proteinen.

TYP 3: Das Haarmuster im Typ 3 ist leicht bis sehr lockig, definiert und federnd. Es springt leicht in seinen Urzustand zurück und die Haarstruktur ist eher fein. Man unterscheidet zwischen Typ 3 A, B und C Typen.

TYP 3A: Federndes und grobes S-Muster. Kann leicht glattgeföhnt werden. **Pflegtipps:** Haare im feuchten Zustand mit den Fingern eindrehen, das fördert die Definition.

TYP 3B: Locken im Typ 3B sind voluminöser und haben einen kleineren Umfang als Typ 3A Locken. Typ 3B Haar ist nicht so glänzend wie Typ 3A Locken und die Struktur ist eher grob und dicht. **Pflegetipps:** Locken mit Haarmilch auffrischen (Zum Beispiel mit Mandelmilch und Öl), Sulfat- und silikonfreie Shampoos und Conditioner verwenden.

TYP 3C: Typ 3C Haare ähneln dichten Korkenzieherlöckchen und haben in etwa den Umfang eines Bleistifts oder Strohhalms. Die Haare sind hier gröber und voluminöser als Typ 2 oder 3 Haare, allerdings mit einer sehr feinen Haarstruktur. **Pflegetipps:** Sanftes „Stretchen"(dehnen, glätten) der

Haaroberfläche z.B. durch Twists, Twist-outs, Bantu-Knots, einmal in der Woche eine Tiefenkur a 30 Minuten für Feuchtigkeit und Elastizität.

TYP 4: Unter Typ 4 versteht man kleine, teilweise krause Löckchen und Miniwellen. Auch hier wird zwischen A, B und C unterschieden. Typ 4A hat enge S-Locken, 4B eine Z-Form und Typ C hat kaum eine durchgehend definierte Form. Typisch für Typ 4 ist, dass die Haare sehr trocken sind. Typ 4 Haare sehen meist dick und kräftig aus, tatsächlich ist es aber der brüchigste Haartyp. Haar im Typ 4 kann fein und dünn, aber auch drahtig und grob sein. Meist liegen die Haarsträhnen dicht beieinander. Die natürliche Schutzschicht des Haares ist geringer, als bei den anderen Haartypen.

TYP 4A: Typ 4A weist ein enges und sichtbares S-Muster im Umfang einer Häkelnadel auf. Das Haar kann drahtig oder fein strukturiert sein. **Pflegetipps:** Co-Washing mit feuchtigkeitsspendenden, sulfatfreien Conditionern, Kopfhaut mit Teebaumöl, Jojobaöl oder Apfelessig reinigen. Dickere Leave-In Produkte verwenden, wie Shea Butter. Protective Styles wie Twist-Out oder Bantu-Knots nach der Haarwäsche.

TYP 4B: Haare des Typs 4B weisen eine weniger definierte Z-Form auf. Das Haar kann fein und dünn aber auch drahtig und grob strukturiert sein. Bis zu 75% der tatsächlichen Haarlänge können durch Shrinkage verloren gehen. **Pflegetipps:** LOC oder LCO-Methode, um das Haar mit Feuchtigkeit zu versorgen. Pre-poo mit Kokos- oder Rizinusöl, um die natürlichen Öle der Kopfhaut beizubehalten. Haare strechten zum Beispiel durch Twists oder Braids. T-Shirt oder Mikrofasertuch benutzen, um Haare nach dem Waschen zu trocknen.

Typ 4C: Ohne die richtigen Styling-Techniken (Twists oder Braids) fügt sich Typ 4C Haar meist nicht richtig zusammen. Typ 4C-Haar kann fein und dünn sein, aber auch grob und drahtig. Es weist darüber hinaus etwas weniger Definition als Typ 4B-Haar auf, ist aber genauso anfällig für Shrinkage. Pflegetipps: Cremige Leave-Ins, Puddings oder Gele und

Anwenden von Protective Styles. Haare nachts mit Seide-oder Satin bedecken, Co-Washing.

Wie eingangs erwähnt gilt: die meisten Köpfe lassen sich nicht immer eindeutig zuordnen oder kategorisieren. Und letztlich haben viele Menschen auch einfach mehrere Haartypen gleichzeitig auf dem Kopf. Aus genau diesem Grund sind Haartypensysteme auch nicht das Nonplusultra. Sie dienen eher einer Orientierung. Du musst dir keine Sorgen machen, wenn du dir trotz Haartypenanalyse unsicher bist, welche Haarstruktur dir aus dem Kopf wächst. Letztendlich hängt die Haarpflege nicht ausschließlich vom Haartypen ab, weil sich auch Haare eines bestimmten Haartypen verschieden verhalten können. Bleib also entspannt und finde selber heraus, welche Pflege zu deinem Haar passt.

DIE POROSITÄT DER HAARE BESTIMMEN

Anhand der Cuticula (das ist die oberste Schuppenschicht des Haars) kannst du einiges über den Zustand deines Haars erfahren. Ist diese Schicht eng verschlossen, fällt es deinem Haar schwer, Feuchtigkeit aufzunehmen und du musst bei der Pflege auf entsprechende Kniffe achten. Für die optimale 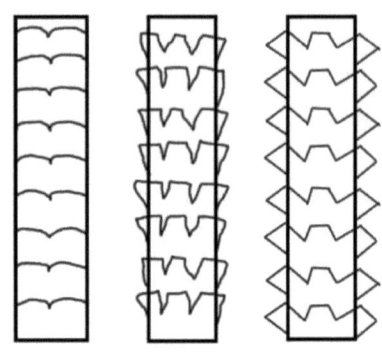 Haarpflege solltest du also nicht nur etwas über die verschiedenen Haartypen wissen, sondern auch darüber, wie aufnahmefähig dein Haar für Feuchtigkeit und Pflegeprodukte ist. Klingt erstmal wahnsinnig kompliziert - ist es aber gar nicht.

Mit einem sogenannten Porosity-Test findest du ganz schnell heraus, wie es um dein Haar steht und du erfährst in Kürze, wie so ein Test durchgeführt wird. Das englische Wort *porosity* bedeutet zu Deutsch „Durchlässigkeit" und es gibt drei verschiedene Porosity-Typen:

Low Porosity (Niedrige Durchlässigkeit)

Hier ist die Cuticula deines Haares fest verschlossen. Das sorgt dafür, dass das Haar Feuchtigkeit und Pflege eher abweist. Feuchtigkeit und Pflege können so nur schwer ins Innere des Haars eindringen.

Medium Porosity (Mittlere Durchlässigkeit)

Die Schuppenschicht ist nicht fest verschlossen, aber auch nicht weit geöffnet. So kann das Haar die Feuchtigkeit ideal aufnehmen. Außerdem verliert das Haar die Feuchtigkeit nicht so schnell wieder.

High Porosity (Hohe Durchlässigkeit)

Die Cuticula liegt kaum an, sondern ist weit geöffnet. So kann Feuchtigkeit zwar gut ins Haar eindringen. Allerdings hält das durch die starke Durchlässigkeit des Haars nicht lange. Das Haar sollte bei der Pflege also versiegelt werden, sodass die Feuchtigkeit im Haar bleiben kann.

Um einen Porosity-Test durchzuführen benötigst du ein Glas mit klarem Wasser und ein Haar aus deinem Kopf oder aus deiner Bürste. Das Haar sollte allerdings nicht mit Pflegeprodukten behandelt sein.

Das Haar legst du oben auf die Wasseroberfläche. Dann wartest du fünf Minuten. Wenn das Haar anschließend noch immer oben auf der Wasseroberfläche schwimmt, dann handelt es sich um Haar mit niedriger Durchlässigkeit (Low Porosity). Es ist also eher feuchtigkeitsabweisend. Sinkt das Haar bis ungefähr zur Mitte des Wasserglases, handelt es sich dabei um Haar mit mittlerer Durchlässigkeit (Medium Porosity). Wenn das Haar bis auf den Boden des Glases sinkt, dann ist es aller Wahrscheinlichkeit nach Haar mit hoher Durchlässigkeit (High Porosity). Wie du mit den unterschiedlichen Durchlässigkeitstypen in der Pflege umgehst, erfährst du jetzt.

Haarpflege: Low Porosity

Feuchtigkeit ist für lockiges und krauses Haar jeden Haartyps essentiell. Bei Haaren mit niedriger Durchlässigkeit erweist sich die Feuchtigkeitszufuhr jedoch als schwierig. Ziel der Haarpflege ist es hier, die enganliegende Cuticula zeitweise zu öffnen, sodass die feuchtigkeitsspendende Pflege ins Haar eindringen kann. Anschließend wird die Cuticula dann wieder verschlossen, sodass die Feuchtigkeit im Haar versiegelt bleibt.

Um die oberste Schuppenschicht zu öffnen, wäschst du deine Haare mit reichlich warmem Wasser. Wie bei den Poren deiner Haut öffnet warmes Wasser nämlich auch die Schuppenschicht des Haars. Wasche dein Haar am besten gründlich mit Shampoo oder Cleanser, um es von Ablagerungen (Build-Up) zu befreien und zu säubern. Lass dir dabei ruhig Zeit, denn es kann dauern, bis sich dein Haar mit Low Porosity öffnet und die Feuchtigkeit wirklich aufnimmt. Anschließend behandelst du dein Haar mit einer tiefenwirksamen und feuchtigkeitsspendenden Haarkur. Diese sollte allerdings nicht zu viele Proteine beinhalten, da sich diese zusätzlich über die ohnehin schon verschlossene Schuppenschicht legen. Die Haarkur lässt du lange einwirken, mindestens zwanzig Minuten. Zur Unterstützung der Wärmezufuhr auf deinem Kopf, kannst du dir eine Plastikhaube aufsetzen (die bekommt man als Duschhauben in jedem Drogeriemarkt). Die Hauptsache ist, dass du deinen Kopf mit Wärme versorgst, denn genau die braucht Haar mit niedriger Durchlässigkeit. Nach der Einwirkest spülst du die Kur gründlich aus, gerne mit einer zusätzlichen Spülung. Ganz zum Schluss spülst du dein Haar dann mit kaltem Wasser ab. Dieser Schritt ist sehr wichtig, denn nur durch kaltes Wasser verschließt sich die Cuticula wieder. Die Pflege wird somit im Haar versiegelt.

Haarpflege: Medium Porosity

Hierbei handelt es sich quasi um einen Idealzustand der Haare, denn du musst bei der Pflege nicht besonders viel beachten. Das Haar mittlerer Durchlässigkeit nimmt Pflegeprodukte und Feuchtigkeit gut auf und speichert diese auch in angemessenem Rahmen. Dein Haar befindet sich sozusagen im Gleichgewicht. Eine gute Pflegeroutine und regelmäßige Feuchtigkeits- und Proteinhaarkuren sorgen dafür, dass das auch so bleibt.

Haarpflege: High Porosity

Bei der High Porosity sieht die Haarpflege anders aus als bei der Low- oder Medium Porosity. Haare mit hoher Durchlässigkeit sind sozusagen löchrig. Feuchtigkeit dringt genauso schnell ein wie aus. Eine hohe Durchlässigkeit kann genetisch bedingt sein. Oftmals ist sie jedoch das Resultat von übermäßigem Färben oder Blondieren der Haare oder kommt durch zu starke und häufige Hitzebehandlung zustande. In der Haarpflege sind regelmäßige Feuchtigkeitskuren in Kombinationen mit Proteinen eine Lösung, um das poröse Haar zu versiegeln und die Feuchtigkeit darin zu bewahren. Da das Haar zu neunzig Prozent aus Proteinen (Eiweißen) besteht, füllen diese bei regelmäßiger Anwendung die porösen Stellen der Cuticlua. Haarwäschen mit Apfelessig und das Besprühen mit Aloe Vera Saft helfen zusätzlichen, den pH-Wert des Haars aufzubauen. Öle und Haarbutter (zum Beispiel Sheabutter) versiegeln das Ganze im Anschluss.

Weitere Pflegetipps für die verschiedenen Porosity-Typen findest du im Verlauf dieses Buches und in folgendem YouTube-Video: „*Afrohaare: High Porosity & Medium Porosity Haarpflege | KrauseLocke®.*"

 Ein Video zum Bestimmen der Haarporosität findest du unter dem Titel: „*Was ist ein Porosity-Test? | KrauseLocke®*" bei YouTube. Ein Video zur Haarp

INHALTSSTOFFE: WARUM SOLLTEN WIR SULFATE, SILIKONE, MINERAL OIL & CO. MEIDEN?

Mit den richtigen Pflegeprodukten ist die Krauselocken-Pflege gar nicht mal so schwierig. Allerdings sollte man darauf achten, was man sich da regelmäßig auf den Kopf schmiert. Produkte sind nicht gleich Produkte – die falschen können sogar langfristige Schäden verursachen. Vor allem diverse US-amerikanische Produkte beinhalten nach wie vor krebserregende, chemische Stoffe. Darüber hinaus können Produkte sogar Hormone enthalten, die bei Kindern im schlimmsten Fall die Vorpubertät auslösen.[15] Daher ist es empfehlenswert, sich vor der Auswahl der passenden Pflegeprodukte über die darin enthaltenen Inhaltsstoffe zu informieren. Auch, wenn der Gebrauch chemischer Pflegeprodukte fast unvermeidbar ist, haben wir uns in diesem Buch auf die Empfehlung industriell hergestellter, chemischer Pflegeprodukte verzichtet.

> *Diana: Natürlich nutzen auch wir chemische Pflegeprodukte, versuchen diese allerdings immer häufiger durch natürliche, selbstgemachte Produkte zu ersetzen. Außerdem achten wir darauf, schädliche Inhaltsstoffe bei unserer Produktauswahl zu vermeiden.*

Sulfate

Sulfate sind Schwefelsäure-Salze, die als Reinigungsstoffe zum Beispiel in Shampoos verwendet werden. Die sogenannten Sodium Lauryl-Sulfate sorgen dafür, dass das Shampoo schäumt. Sie sind allerdings besonders aggressiv und können dazu führen, dass die Haare schneller austrocknen. Außerdem gelangen Sulfate direkt über die Haut in den Körper, wo sie Gefahr laufen, sich in den Organen abzulagern. Sulfat-freie Shampoos und Haarprodukte sind daher empfehlenswert. Der Schaum, den die Sulfate verursachen, mag sich zwar schön anfühlen, entzieht den Locken

---

[15] Vergleich: Bauer, Johanna. 2012. „Lockenkopf"

allerdings ihre natürlichen Öle. Durch das Weglassen von Sulfaten erhält das Haar die Chance seine eigene Feuchtigkeit speichern zu können. Man unterscheidet zwischen aggressiven und milden Sulfaten. Letztere sind gegenüber den aggressiven unbedenklicher in der Anwendung. Folgende kurze Liste gibt dir Aufschluss darüber, ob du dein gewähltes Produkt bedenkenlos nutzen kannst.[16]

Aggressive Sulfate, die du meiden solltest:

Ammonium Lauryl Sulfat (ALS)

Magnesium Lauryl Sulfate

MEA-Lauryl Sulfate

Potassium Lauryl Sulfate

Sodium C_{12-15} Alkyl Sulfate

Sodium Cocoate

Sodium Laureth Sulfate (SLeS)

Sodium Lauryl Sulfate (SLS)

Mildere Sulfate, die du nach heutigem Kenntnisstand verwenden kannst:

Coco Glucoside

Decyl Glucoside

Decyl Polyglycoside

Lauryl Glucoside

Sucrose Cocoate

---

[16] Vergleich: https://the-ognc.com/lifestyle/tenside/

Sodium Coco Sulfate (SCS)

Sodium Cocoyl Isethionate (SCI)

Sodium Lauryl Sulfoacetate (SLSA)

Silikone

Ähnliches gilt für Silikone. Silikone sind in fast allen Shampoos oder Spülungen enthalten. Ähnlich wie das Mineral Oil legen Silikone eine Art Schutzfilm um die Haare, machen sie damit zunächst geschmeidiger, glänzender und leicht kämmbarer. Auf Dauer kann dieser Film aber dazu führen, dass die Haare innerlich austrocknen. Vor allem wir Krauselocken sollten daher darauf achten, Silikone dauerhaft zu vermeiden. Vor allem in Leave-In Conditionern sollten Silikone nicht erhalten sein. Silikone erkennst du oft an den Endungen -cone, -conol, glycol, und -oxane. Sie verstecken sich außerdem hinter den Begriffen Dimethiconol, Hydroxypropyl und Trideceth-12.

Mineral Oil

Sogenanntes Mineral Oil oder Mineral Öl wird, genauso wie der Sprit fürs Auto, aus Erdöl gewonnen. Es legt auch eine Art Schutzfilm um die Haare, um sie vor äußeren Einflüssen zu bewahren. Jedoch verstopft es die Hautoberfläche, was langfristig zum vermehrten Austrocknen der Haare führt. Mineral Öl ist vor allem in diversen günstigen Produkten enthalten, die speziell für krause Haare hergestellt wurden. Das kann dazu führen, dass das Haar trocken bleibt, auch wenn es intensiv mit Feuchtigkeitspflegeprodukten behandelt wird. Achte also darauf, ob dein Haar empfindlich auf Mineral Öl reagiert oder lasst es am besten ganz weg. Mineral Öl versteckt sich auch hinter Begriffen wie Paraffinum Liquidum, Paraffinum Subliquidum, Petrolatum, Microcrystalline Wax, Cera Microcristallina, Ceresin oder Ozokerit.

Weitere Inhaltsstoffe, die du meiden solltest

Neben Mineral Öl, Sulfaten und Silikonen gibt es eine Vielzahl weiterer Inhaltsstoffe, die du bei der Haarpflege meiden solltest. Parabene, Polyethylene Glycol (PEG), Diethanolamine (DEA), Monoethnanolamine (MEA) und Triethanolamine (TEA) sind einige davon. Ausführliche Listen über ungeeignete Inhaltsstoffe findest du mittlerweile im Netz in sogenannten INCI-Listen oder auf Code-Check Webseiten.

So oft wie möglich solltest du versuchen, schädliche Inhaltsstoffe und chemische Produkte durch natürliche Öle und Substanzen zu ersetzen. Olivenöl, Sheabutter, Kokos- Avocado oder Jojobaöl eignen sich zum Beispiel hervorragend für die Haarpflege. Nach der Haarwäsche ins feuchte Haar einmassiert, sorgen die Öle für Geschmeidigkeit und dienen als natürliche Feuchtigkeitsspender bei trockenen Haaren. Außerdem machen sie das Haar leichter kämmbar. Rizinusöl (und auch die oben genannten Öle) sorgt zudem dafür, dass die Durchblutung Angeregt wird, wenn es sanft in die Kopfhaut einmassiert wird. Das fördert das Haarwachstum.

EIN WERKZEUGKASTEN FÜR UNSERE HAARE

Unser Opa hatte eine gut ausgestattete Werkstatt und wann immer wir ein handwerkliches Anliegen hatten – sei es aufgrund eines platten Fahrradreifens oder dem Wunsch danach, ein Holzpferd zu bauen – da hatte er stets das passende Werkzeug parat. Das war ziemlich praktisch. Auch in Sachen Haarpflege erweist es sich als vorteilhaft, die geeigneten „Werkzeuge" am Start zu haben. Mit Werkzeugen meinen wir Bürsten, Kämme und Co. Es gibt mittlerweile eine schier unendliche Vielzahl an Produkten auf dem Markt und welche davon jetzt die ultimativ besten sind, darin scheiden sich wie immer die Geister. Für uns zählt die Devise: mehr ist nicht immer mehr. Die wenigen Werkzeuge, die wir für wichtig erachten und in regelmäßigen Abständen nutzen, möchten wir dir hier vorstellen.

Kämme

Ob aus Holz, Kunststoff oder Metall - der Afropick ist der Klassiker unter den Kämmen für krause Haare und Locken. Mit ihm lässt sich nicht nur der beliebte Afrostyle kämmen, er sorgt für Volumen und vor allem kurzes Haar lässt sich gut mit ihm kämmen.

Zum Entwirren und leichten Kämmen der Haare empfiehlt sich ein grobzinkiger Kamm. Durch den großzügigen Abstand zwischen den Zinken, gleitet er schonend durch krauses oder widerspenstiges Haar und hilft dabei, erste Knoten zu lösen. Man kann ihn als Alternative oder ergänzend zum Entwirren der Haare mit den Fingern gut im trockenen oder nassen Haar anwenden. Grobzinkige Kämme werden aus verschiedenen Materialien wie Holz, organischen Harzen oder Plastik hergestellt. Die Verarbeitung des Kamms ist ausschlaggebend dafür wie gut er durchs Haar gleitet. Ein schlecht verarbeiteter Kamm kann im schlimmsten Fall zu

Haarschäden führen. Außerdem können Kämme aus herkömmlichen Plastik das Haar statisch aufladen können, sodass sich anti-statische Kämme eher empfehlen. Je lockiger die Haare sind, desto gröber sollte der Kamm sein, das macht das Kämmen wesentlich angenehmer. Zum Abteilen und Scheiteln der Haare, ist ein feiner Kamm oder ein Stil-Kamm besonders hilfreich.

Bürsten

Es gibt verschiedene Bürsten, die beim Umgang mit unseren Krauselocken hilfreich sind. Dazu gehört in jedem Fall die Naturhaarbürste. Sie gleitet schonend durchs Haar, sorgt für Glanz und kann beim Definieren einzelner Locken helfen. Außerdem kann man mithilfe einer Naturhaarbürste das sogenannte Baby Hair an den Edges (siehe Glossar) legen – besonders, wenn man sich einen Zopf oder Dutt macht. Es gibt Naturhaarbürsten in den verschiedensten Ausführungen.

> *Esther und Diana:* Wir haben jeweils eine breite Naturhaarbürste zum groben Kämmen und eine schmale zum Bearbeiten der Edges und einzelner Strähnen im Haus.

Zum gründlichen Bürsten der Haare reicht eine Naturhaarbürste in den meisten Fällen allerdings nicht aus. Auf dem Markt gibt es unendlich viele Bürstenvariationen, die da Abhilfe schaffen und auch, wenn wir uns beim Nennen von Marken in diesem Buch bewusst zurückhalten: die bei vielen Krauselocken beliebtesten Bürsten sind die Denman Brush und der Tangle Teezer. Von letzterem sagen leidenschaftliche Anhänger*innen, dass er die Locken durch seine flexiblen Borsten sehr gut und schonend definiert und schmerzfrei von Knoten befreit. Andere wiederum klagen darüber, dass er Spliss und brüchige Haare verursachen soll. Die Denman Brush an sich etabliert sich nach wie vor als der Favorit schlechthin unter den Bürsten für krause Haare und Locken. Als wir selbst vor vielen Jahren auf die Natural-Hair-Bewegung stießen, war es letztlich die Denman Brush, die uns wirklich überzeugte. Eines unserer damalige Hair-Idole, Teri LaFlesh, beschreibt die Bürste auf ihrem Blog wie folgt: „The best thing to use for combing your hair is a Denman type brush".[17] Das Beste, was du zum Kämmen deiner Haare verwenden kannst, ist eine Denman-Bürste. Natürlich haben wir im Laufe der vergangenen Jahre die unterschiedlichsten Bürsten ausprobiert und getestet. Allerdings ist die Denman-Brush tatsächlich unser haushoher Favorit. Sie verfügt über äußerst stabile und gleichzeitig flexible Borsten, liegt stets gut in der Hand und lässt sich gut auseinanderbauen und reinigen. Bei einiges Ausführungen lassen sich sogar die Borstenabstände anpassen. Durchs Haar gleitet sich nahezu perfekt vom Ansatz bis in die Spitzen ohne die Haare dabei zu beschädigen. Zumindest konnten wir bei uns bisher noch keine Haarschäden durch das Nutzen dieser Bürsten feststellen.

Die Denman-Brush gibt es in unterschiedlichen Ausführungen. Für krauses Haar und Locken eignen sich zum Beispiel die D41 oder die D31.

Esther: Ich persönlich verwende seit Jahren eine Denman D4. Die Bürste ist sehr robust, gleitet super durch meine Haare und verteilt auch Pflegeprodukte prima. Die Locken definieren sich dadurch prächtig und halten auch wirklich lange. Das Gute an der Bürste ist, dass ich sie auseinander bauen kann. So lässt sie sich gut reinigen und ich kann bei Bedarf auch Borstenreihen herausnehmen. Alles in einem ist es eine Top-Bürste, die ich nicht mehr missen möchte. Allgemein würde ich beim Kauf einer Bürste aber einfach dazu raten, darauf zu achten, dass die Bürste anti-statisch ist. Keramik-Bürsten sollen dafür sorgen, dass sich das Haar nicht auflädt und die werde ich definitiv auch demnächst testen.

Selbstverständlich sind Tangle Teezer und Denman Brush nicht das Nonplusultra. Auch andere Marken und Anbieter bieten für Krauselocken

---

[17] tightlycurly.com

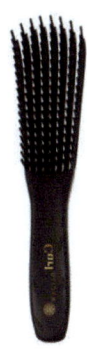

geeignete Bürsten an. Zum Beispiel gibt es den Curl Glider von Unrefined Riches – made in Germany, den wir demnächst auch ausprobieren und die Ergebnisse via Instagram, Facebook, YouTube und auf unserer Webseite teilen werden.

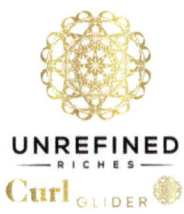

Wie immer gilt: jeder Kopf ist individuell! Und so bleibt auch dir nichts anderes übrig, als selber auszuprobieren, welche Bürste zu dir und deinen Haarbedürfnissen am besten passt. Nicht umsonst befindet sich jede Krauselocke auf ihrer persönlichen Haarreise, in der sie eigene Wege beschreitet.

Mikrofaserhandtuch

Nach der Haarwäsche empfiehlt es sich, die Locken mit einem Mikrofaserhandtuch zu trocknen. Aufgrund ihrer groben Struktur können herkömmliche Handtücher aus Frottee dem Haar Feuchtigkeit entziehen und zu Frizz und Glanzlosigkeit führen. Mikrofaserhandtücher hingegen verfügen über eine glatte Oberfläche, die das Haar trocknet, ihm aber die nötige Feuchtigkeit nicht entzieht. Alternativ kannst du zum Haaretrocknen auch ein Baumwoll-Shirt nutzen. Bei jedem Handtuch gilt jedoch, dass du die Haare zum Trocknen nicht rubbelst, sondern trocken knetest, um die Haaroberfläche nicht unnötig aufzurauen.

Satin oder Seide

Mit Satin oder Seide verhält es sich ähnlich wie bei der Wahl des richtigen Handtuchs. Die glatte Materialoberfläche schont das Haar und verleiht Glanz, da die Feuchtigkeit nicht aus dem Haar gezogen wird. Zum Schlafen kannst du folglich ein Satinkopftuch oder eine spezielle Schlafhaube aus Satin tragen. Sollte dir das zu warm oder lästig sein, kannst du deinen Kopf auch auf einem Satinkopfkissen betten. Da man sich nachts bewegt und den Kopf hin und her dreht, können die Haare auf einem herkömmlichen Kopfkissen aufgeraut werden.

Diana: Ich schlafe allerdings auf einem ganz normalen Kopfkissen und habe bis jetzt keine Probleme damit, da ich meine Haare im Alltag gut pflege. Satin ist also kein Muss, aber es ist empfehlenswert, wenn man ohnehin unter brüchigen Haaren leidet oder sich mitten in einer Transition befindet. Im Winter empfehle ich auf jeden Fall das Tragen von Mützen, die mit Satin gefüttert sind. Die sogenannten KrauseMützen, die wir über KrauseLocke.de anbieten, zum Beispiel!

Plastikhauben

Plastikhauben sind vor allem bei Tiefenhaarkuren gut geeignet. Oft ist es Wärme, die die Wirkung solcher Kuren entfalten und eine Plastikhaube sorgt dafür, dass die natürliche Körperwärme auf dem Kopf bleibt und die Pflegestoffe gut ins Haar eindringen können. Und wenn du mal kurz unter die Dusche hüpfen möchtest, ohne dabei die Haare nass zu machen, erweist sich eine Plastikhaube als idealer Wasserschutz.

Sprühflasche und Applikator-Fläschchen

Eine Sprühflasche ist bei der Pflege von natürlichen Krauselocken unerlässlich. Sie wird im Grunde täglich genutzt, sei es zum Auffrischen trockener Locken oder zum Versorgen der Haare mit Feuchtigkeit. Du kannst deine persönlichen, pflegenden Mischungen herstellen, sie in deine Sprühflasche geben und deine Haare damit jederzeit benetzen. Einfaches Wasser tut es zur regelmäßigen Feuchtigkeitsversorgung aber auch. Durch das Besprühen der Haare verteilt sich die Feuchtigkeit prima und du musst nicht jedes Mal unter die Dusche oder den Kopf unter den Wasserhahn halten, um deine Haare mit Feuchtigkeit zu versorgen. Achte bei deiner Sprühflasche darauf, dass sie die Flüssigkeit gleichmäßig versprüht. Es gibt Flaschen – beispielsweise zum Besprühen von

Pflanzen – die nur einen zielgerichteten Strahl versprühen, was für die Haarpflege eher ungeeignet ist. Im Frisörbedarf findest du Sprühflaschen, die speziell fürs Besprühen der Haare geeignet sind. Applikator-Fläschchen eignen sich dazu, pflegende Inhaltsstoffe wie Öle auf die Kopfhaut aufzutragen. Dies ist – je nach Volumen der Haarpracht – mit bloßen Händen nicht immer einfach und so ein Fläschchen erleichtert das Auftragen immens.

Elastische Haargummis

> *Esther: Ich verwende gerne Satinhaargummis. Das sind keine besonders schönen Dinger, aber effektiv, denn sie verhindern Haarbruch. Vor allem nutze ich sie nachts. Am nächsten Morgen kann ich meine Haare prima daraus befreien, denn sie bleiben nicht hängen. Das ist bei dünneren, kleineren Haargummis nicht der Fall, da diese meine Haare verknoten und ich da auch schon Mal eine Schere zur Hilfe nehmen musste.*

Auch Haargummis aus grober Baumwolle oder mit Metallapplikationen sind für Krauselocken eher nicht geeignet, da sie zu brüchigen Haaren an den Stellen führen können, an denen die Haare zu Zöpfen gebunden sind. Es gibt auch spezielle, spiralförmige Haargummis aus Kunststoff. Der Vorteil an ihnen ist, dass sie keinen Abdruck im Haar hinterlassen, nachdem man sie eine Zeitlang getragen hat. Auch Haarbruch beugen sie durch ihre Struktur vor. Allerdings sind sie auch nicht für jeden krausen Kopf geeignet.

Haarspangen und Klammern

Haarspangen sind wichtig, wenn es darum geht, das Haar abzutrennen, was beim Kämmen oder Stylen hilfreich ist. Wenn du deine Haare mithilfe von speziellen Haarspangen oder Klammern in verschiedene Partien aufteilst, spart das oft viel Zeit und Frust. Ausführungen aus Kunststoff sind hierbei zu empfehlen. Abstand halten sollte man jedoch von Haarklammern aus Metall zum auf- und zuklicken, da diese durch ihre scharfen Kanten zu Haarschäden führen.

Bobby Pins

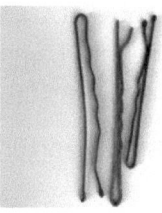

Bobby Pins (Haarnadeln aus Metall oder Kunststoff) sind für viele Frisuren das A und O und auch sehr hilfreich, wenn es darum geht, die Haarpracht an Bad-Hair-Days oder bei Zeitmangel in Form zu stecken.

Diffusor und Föhndüse

Wenn es ums Trocknen der Haarpracht nach der Haarwäsche geht, ist das Lufttrocknen die schonendste Variante. Allerdings kann das Stunden dauern und diese Zeit hat man oft nicht. Deshalb muss hin und wieder der Föhn zum Einsatz kommen. Nutzt man ihn schonend und nicht zu heiß, ist das auch kein Problem.

Für Locken eignet sich ein Diffusor – das ist ein spezieller Aufsatz, der Locken schonend

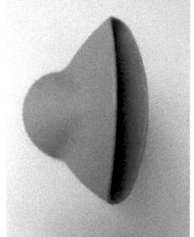

trocknet ohne sie zu zerdrücken oder ihnen das Volumen zu rauben. Wenn du deine Locken lieber glattföhnen oder ein Blowout erzielen möchtest, nutzt du am besten eine Föhndüse.

Haarschneideschere

Eine gute Schere zum regelmäßigen Schneiden der Spitzen sollte in einem Haarwerkzeugkoffer nicht fehlen. Hierbei sollte auf eine Schere aus dem Frisörbedarf zurückgegriffen werden, da die Schneiden hier auch richtig scharf sind. Stumpfe Scheren oder gar Nagelscheren sind nicht zum Schneiden der Haare geeignet, da sie Spliss verursachen können.

KRAUSE HAARE UND LOCKEN KÄMMEN

„Kannst du deine Haare überhaupt kämmen?" Welche Krauselocke kennt nicht diese lästige und unverschämte Frage? Unsere Antwort lautet: "Yes, we can! Und das ganz easy!".

Krauselocken nass kämmen

Krauselocken sollten idealerweise im nassen oder feuchten Zustand gekämmt oder gebürstet werden. Das vermeidet unnötigen Haarbruch und Schmerzen, denn es ziept weniger.

Unter der Dusche oder Kopf überm Waschbecken?

Ideal ist das Kämmen unter der Dusche, da der Wasserstrahl die Haare bereits ein wenig entwirrt. Wenn es schnell gehen soll, kann das Haar natürlich auch überm Waschbecken oder mithilfe einer Sprühflasche angefeuchtet werden.

Hocharbeiten

Beim Kämmen sollte man darauf achten, zuerst die Haarspitzen zu kämmen und sich dann langsam bis zum Haaransatz hochzuarbeiten. Am besten ist es, Strähne für Strähne vorzugehen. Wer einfach vom Haaransatz bis in die Spitzen bürstet, läuft Gefahr, dass die Haare reißen und brechen. Außerdem kann es unnötig wehtun. Das ist auch ein guter Tipp für Eltern, denn vor allem Kinder können durch diese schmerzhafte Methode traumatisiert werden (wir wissen wovon wir sprechen). Mehr zum Thema Haarekämmen findest du im Verlauf dieses Buches zum Beispiel im Kapitel zur Kinderhaarpflege oder im Abschnitt zur Tightly Curly Methode.

Wenn du beim Kämmen mit den Haarspitzen beginnst und dort die Knoten löst, rutschen Kamm oder Bürste viel leichter durch die gesamte Strähne, wenn du am Haaransatz angekommen bist.

Kamm, Bürste, Hände – welches Werkzeug soll ich nutzen?

Viele Krauselocken schwören darauf, sich die Haare zunächst mit den bloßen Fingern zu entwirren, bevor es mit dem eigentlichen Kämmen losgeht. So werden vorab grobe Knoten gelöst. Man kann zum Entwirren aber auch schon einen grobzinkigen Kamm oder eine Bürste verwenden. Nach dem Entwirren geht es dann mit dem eigentlichen Kämmen weiter. Wenn es schnell gehen muss, kann man das Entwirren allerdings auch aussparen. Bürste und Kamm gleiten noch besser durchs Haar, wenn zuvor eine Feuchtigkeitsspülung aufgetragen wurde. Dadurch wird vermieden, dass die Haare beim Kämmen zu sehr strapaziert werden. Außerdem wird das Haar zusätzlich mit Feuchtigkeit versorgt und die Locken definieren sich besser. Nach dem Kämmen kann die Spülung wieder ausgespült und ein Leave-in Conditioner aufgetragen werden.Wer seine Haare nach dem Waschen zu einem Afro stylen möchte, kann sie anschließend im wieder trockenen Zustand erneut kämmen – vielleicht mit einem Afropick. Weil durch das Kämmen unter der Dusche jetzt die Knoten gelöst sind, funktioniert das Kämmen im trockenen Zustand der Haare nun auch viel leichter.

Hilfe! Ich verliere Haare beim Kämmen!

Natürlich gehen auch beim Nass-Kämmen Haare verloren. Allerdings sind es längst nicht so viele, wie beim Kämmen im trockenen Zustand der Haare. Das Haar wird durch das Nass-Kämmen auch nicht einfach ausgerissen, sondern die ohnehin anfälligen Stellen lösen sich sanfter. Täglich verliert ein Mensch nämlich rund 100 Haare auf natürlichem Wege. Außerdem verhält es sich in der kalten Jahreszeit auch nochmal anders auf unserem Kopf. Durch den Vitamin-D-Mangel im Herbst und Winter verlieren die Haarwurzeln an Kraft, was zu leichtem Haarausfall führen kann. Spaziergänge an der frischen Luft sind daher auch an grauen Tagen sehr empfehlenswert. Kombiniert mit einer gesunden Ernährung und regelmäßigen Haarkuren (zum Beispiel mit Oliven oder Arganöl) verringern das Risiko für verstärkten Haarausfall im Winter um ein Weiteres.

DIE HAARWÄSCHE

In diesem Kapitel widmen wir uns einem Thema, das zunächst wie die einfachste Sache der Welt klingt: dem Haarewaschen. Allerdings kann allein der Gedanke an die bevorstehende Haarwäsche bei vielen Krauselocken für Unsicherheiten und gar Ängste sorgen. Manch eine Krauselocke fürchtet Wasser auf der Haarpracht wie eine streunende Katze und andere sind sogar stolz darauf, je länger sie ihre Haare nicht waschen. Die Gründe dafür sind vielfältig und reichen vom Glauben daran, dass der Verzicht auf die Haarwäsche den Haarwuchs beschleunige bis hin zur Überzeugung, dass es einfach gesünder sei, sich die Haare nicht zu waschen. Dies sind allerdings Mythen.

Fakt ist: Unser Haar sollte gewaschen werden und das regelmäßig. Alles andere ist unhygienisch und kann zu Haartrockenheit, Build-Up und Haarbruch führen. Nicht zu vergessen ist der Geruch, der nach einiger Zeit entsteht, wenn man sich die Haare nicht wäscht. Vor allem wer Sport treibt und sich viel bewegt sollte darauf achten, sich in regelmäßigen Abständen den Kopf zu waschen – damit man am Ende durch den Wasserverzicht nicht trotzdem so riecht wie ein nasser Hund.

Die Hauptsorge vieler Krauselocken in Sachen Haarwäsche ist, dass die Haare vom Wasser austrocknen oder im Anschluss *frizzy* und verfilzt aussehen – ähnlich wie nach einem unverhofften Regenguss. Doch es ist nicht das Wasser, das unsere Haare austrocknet und struppig erscheinen lässt, es sind die Produkte, die wir verwenden. Shampoos, die Sulfate enthalten können für trockene Haare sorgen. Darum sollte man auch bei der Wahl des Shampoos darauf achten, welches man benutzt. Eine Alternative zu Shampoos sind Cleanser, da sie die Haare auf sehr schonende Weise reinigen.

Tatsächlich ist Wasser sogar der ultimative Feuchtigkeitsspender für Krauselocken. Öle, Leave-In Conditioner, Haarbutter und Pomaden legen sich wie ein Film auf Haare und Kopfhaut und verkleben diese im Laufe der Zeit zunehmend. Es heißt zwar, dass die Produkte unser Haar mit Feuchtigkeit versorgen sollen. Sie werden aber nur fälschlicherweise als Feuchtigkeitsspender bezeichnet und vermarktet. Öle, Conditioner und Co. sind eher „Versiegler". Sie sorgen dafür, dass die Feuchtigkeit in den Haaren bleibt, aber von ganz allein spenden sie diese ohne Wasserbasis nicht. Wasser ist sprichwörtlich der Urquell der Feuchtigkeit und sehr förderlich für die Haargesundheit. Es gibt eine Vielzahl an Methoden zur richtigen Haarwäsche unserer Krauselocken. Einige davon stellen wir dir jetzt vor!

Die PrePoo-Methode

Pre" ist Latein und bedeutet zu Deutsch „vor", „Poo" ist die Endsilbe des Wortes „Shampoo". Die sogenannte PrePoo-Methode ist demnach eine Vorspülung, die angewendet wird, um die Haare auf die Haarwäsche vorzubereiten und sie mit Geschmeidigkeit und Glanz zu versorgen. Um die PrePoo-Methode durzuführen, benötigst du ein Öl deiner Wahl. Viele Krauselocken schwören hierbei auf Kokosöl. Bei Zimmertemperatur ist Kökosöl weiß und von fester Konsistenz. In einem Wasserbad oder in der Mikrowelle schmilzt es, wird warm und geschmeidig. Die Inhaltsstoffe im Öl (u.a. Laurinsäure) haben eine antibakterielle Wirkung und gleichen den PH-Wert der Kopfhaut aus. Das beugt Haarausfall vor und führt langfristig dazu, dass die Haare „schneller wachsen" (was sie ja eigentlich gar nicht tun. Haare wachsen immer gleich schnell, durch die richtige Pflege sieht man die Ergebnisse nur besser, da nicht so viele Haare abbrechen oder ausfallen). Auch die Regeneration von trockenen, spröden Haaren wird durch Kokosöl gefördert. Das Öl legt sich wie ein Film ums Haar und schließt die Feuchtigkeit ein, sorgt für Glanz und wirkt gegen stumpfe Haare. Beim PrePoo muss aber nicht zwangsläufig Kokosöl eingesetzt werden. Nutze einfach das Öl, welches du am liebsten magst. Es gibt auch Krauselocken, die für das PrePoo gar kein Öl sondern Conditioner oder Joghurt benutzen. Jeder Kopf ist anders!

Esther: Ich bin nach wie vor kein großer Fan von Kokosöl, trotz seiner vielen Vorteile. Mit dem Geruch kann ich mich einfach nicht anfreunden und es nervt mich auch ein bisschen, dass es nicht von Natur aus flüssig ist. Ich bevorzuge Olivenöl. Es versorgt meine Haare (Haartyp 3c/4a) perfekt mit Feuchtigkeit, macht es Geschmeidig und erleichtert mir das Entwirren und Kämmen.

Wenn du ein für dich passendes Öl oder Produkt gefunden hast, teilst du deine Lockenpracht für das *PrePooing* in verschiedene Partien ein und massierst das Öl dann Strähne für Strähne in die trockenen, ungewaschenen Haare und in die Kopfhaut ein. Anschließend entwirrst du die eingeölten Strähnen mit den Fingern oder ganz sanft mit einem grobzinkigen Kamm. Wenn du damit fertig bist, kannst du das Öl noch eine Zeitlang einwirken lassen, zum Beispiel unter einer Haube. Manche Krauselocken lassen beim PrePoo das Produkt auch über Nacht einwirken und waschen es erst am nächsten Tag wieder aus. Wenn du ohnehin keine Zeit hast, kannst du aber schon nach dem Entwirren der Haare mit der Haarwäsche beginnen und das Öl oder Produkt mit einem Shampoo oder Cleanser deiner Wahl auswaschen.

Klar, das Produkt wird beim Waschen wieder ausgespült. Allerdings bereitet das PrePoo die Haare auf den „Stress" beim Waschen vor und erleichtert das Entwirren der Haare. Und mit zuvor entwirrten Haaren lässt sich unter Wasser besser arbeiten. Mithilfe eines Conditioners deiner Wahl und eines grobzinkigen Kamms oder einer Bürste lassen sich die Haare so besser durchkämmen.

Kleiner Tipp: Am Ende kann man sich die Haare unter der Dusche auch zu groben Twists drehen, damit sie nicht so schnell wieder verwirren. Eine anschließende Haarkur lässt sich so auch besser einarbeiten.

Co-Washing

Eine weitere Methode der Haarwäsche ist das Co-Washing. Hierbei werden die Haare nicht mit Shampoo, sondern lediglich mit Conditioner gewaschen („Co" steht für den Begriff: Conditioner). Dies soll dafür sorgen, dass die Haare nicht zu stark durch die Inhaltsstoffe angegriffen werden, so wie es beim Benutzen von Shampoos (vor allem bei Shampoos mit Sulfaten) der Fall sein kann. Durch das Waschen mit Conditioner versprechen sich einige Krauselocken geschmeidigeres Haar. Jedoch spült Conditioner allein nicht alle Rückstände aus dem Haar, darum sollte man das Co-Washing keinesfalls regelmäßig, sondern nur jede zweite oder dritte Haarwäsche vollziehen. Eine Alternative zu Shampoos sind sogenannte Cleanser oder Cleansing-Cremes, welche die Haare auf sanfte Weise reinigen und gleichzeitig mit Feuchtigkeit versorgen.

Esther: „Meine Haarwaschroutine sieht wie folgt aus. Ein- oder zweimal in der Woche, wasche ich meine Haare. Zunächst durchnässe ich meine Haare gründlich mit Wasser, sodass sie die Feuchtigkeit möglichst gut aufnehmen. Anschließend reinige ich sie gründlich mit Cleanser, hin und wieder aber auch mit Sulfat-freiem Shampoo und ab und zu – wenn es schnell gehen soll, dann mache ich auch Co-Washing. Im Anschluss trage ich unter der Dusche eine Feuchtigkeitsspülung auf, mit deren Hilfe ich mein Haar Strähne für Strähne mit einer Bürste durchkämme. Die gekämmten Strähnen drehe ich zu Twists und wasche anschließend die Spülung aus den Twists. Dann folgt meist eine Tiefenkur, die bei mir am liebsten aus reinem Olivenöl besteht."

Haarwäsche mit Apfelessig

Haut, Haare und Körper – Apfelessig (ACV – Apple Cider Vinegar, engl.) erweist sich schon lange als beliebtes und natürliches Hausmittel gegen viele gesundheitliche Beschwerden. Vor allem für die Haare soll Apfelessig das ideale Pflegeprodukt sein, da er den PH-Wert von Haar und Kopfhaut reguliert. Viele kommerzielle Haarpflegeprodukte haben einen negativen Einfluss auf unsere Haare und machen diese eher trocken und spröde. Der ideale PH-Wert auf unserem Kopf liegt zwischen 4 und 5. Der Säuregehalt einer Spülung mit Apfelessig erhält diesen natürlichen PH-Wert und die natürlichen Öle auf der Kopfhaut und entfernt Ablagerungen (den sogenannten Build-Up) dabei schonend. Auch die Haaroberfläche wird durch Apfelessig nachweislich geglättet. ACV sorgt dafür, dass die Haare glatter und glänzender werden. So wird Feuchtigkeit besser im Haar aufgenommen und Spliss vorgebeugt. Auch gegen Schuppen, juckende und trockene Kopfhaut wirken die antibakteriellen Eigenschaften des Apfelessigs wahre Wunder. ACV kann durch Ablagerungen verstopfte und aufgrund bakterieller Infektionen schlecht durchblutete Haarfollikel behandeln, die Haarwurzeln stärken und somit ein gesundes Haarwachstum fördern.

Für die Haarwäsche solltest du unraffinierten Apfelessig aus biologischem Anbau verwenden (das empfiehlt sich generell für natürliche Produkte). Naturtrüber Apfelessig eignet sich besonders gut, da er wichtige Enzyme und Spurenelemente enthält.

Um die ideale Apfelessig-Spülung zuzubereiten, solltest du Folgendes beachten: trockene Haare vertragen eher weniger Apfelessig, fettige, ölige Haare können ruhig etwas mehr vertragen. Auch kommt es bei der Mischung auf deine Haarlänge an. Die Spülungen variieren zwischen einer Tasse Wasser und 2 Esslöffeln Apfelessig (bei relativ kurzem, eher trockenem Haar) oder 3 Tassen Wasser und einer Tasse Essig (bei längerem Haar). Mit Liter-Angaben: 75 ml ACV auf 1 Liter Wasser. Da es unterschiedliche Haartypen gibt und jeder Kopf anders ist, musst du selbst ein bisschen probieren und eine für dich ideale Mischung finden.

 Tipp für Anfänger: Um auf Nummer Sicher zu gehen, fange erst mit weniger Essig an. Mische deine Spülung am besten in einer Sprühflasche oder Schüssel.

Einige Krauselocken verwenden die Apfelessigspülung als Conditioner nach der herkömmlichen Haarwäsche mit Shampoo. Aufgrund der oben beschriebenen Wirkung kann man Apfelessig allerdings auch als Shampoo-Ersatz (für die sogenannte NoPoo-Methode) verwenden. Gebe die Mischung auf dein nasses Haar (am besten Kopf über der Badewanne oder dem Waschbecken) und lasse sie für einige Minuten (ca. 5 Minuten unter einer Plastikhaube) einwirken. Spüle sie anschließend mit lauwarmem Wasser wieder gründlich aus, um deine Haare von sämtlichen Rückständen zu befreien. Anschließend kannst du deine Haare, wie gewohnt stylen und die Spülung bedenkenlos einmal pro Woche anwenden. Achtung: Apfelessig hat einen starken Eigengeruch. Im Normalfall sollte der Geruch allerdings verfliegen, wenn deine Haare wieder trocken sind.

> *Esther: Ich habe es mehrmals mit Apfelessig versucht, aber festgestellt, dass es nichts für mich ist. Der Geruch war mir zu penetrant und schien nicht zu verfliegen. Allerdings kenne ich Krauselocken, die felsenfest darauf schwören. Probieren geht halt über Studieren.*

Die NoPoo-Methode

Bei der NoPoo-Methode wird gänzlich auf Shampoo verzichtet. Nicht nur Krauselocken sondern Menschen mit jeglichen Haarstrukturen schwören darauf. Anstatt Shampoo kommen hier für die Haarwäsche Haarseifen, Natron, Apfelessig, Heilerde oder einfach nur Wasser zum Waschen der Haare zum Einsatz. NoPoo-Anhänger sind der Meinung, dass diese Methode für sie gesünder ist. Außerdem fördert sie die Nachhaltigkeit, da nicht so viel Shampoo in Plastikflaschen konsumiert wird – und da ist etwas Wahres dran.

> *Esther und Diana: NoPoo ist leider nichts für uns, da wir vermeiden wollen dass sich Schmutz auf unseren Köpfen ablagert und unangenehmer Geruch entsteht. Deshalb können wir zum NoPoo keine hilfreichen Erfahrungsberichte und Tipps*

abgeben. Aber es gibt zahlreiche Tipps und Tricks zum NoPoo im Netz – auch in unserer Facebook-Gruppe: dem KrauseLocke-Forum.

Keine Angst vor Shampoo

Es gibt noch zahlreiche weitere Arten der Haarwäsche und die Wahl ist jedem selbst überlassen. Bei allen Methoden sind wir allerdings der Meinung, dass man früher oder später am guten alten Shampoo einfach nicht vorbeikommt. Irgendwann muss der Dreck weg und die Locken sollten richtig gewaschen werden. Das macht sie aufnahmefähiger für Haarkuren und Pflegeprodukte. Um die Haare richtig zu waschen, sollte man sie vorher gut entwirren und mit Wasser einweichen. Lasse das Wasser dazu ruhig mehrere Minuten über deinen Kopf laufen, denn unsere Krauselocken brauchen – je nach Porosität und Grad des Build-Up – Zeit, um die Feuchtigkeit des Wassers aufzunehmen. Vor allem die Kopfhaut sollte genug Wasser abbekommen.

Um Wasser zu sparen, kannst du auch das Waschbecken oder eine Schüssel mit lauwarmem Wasser füllen und deine Haarpracht für einige Minuten hineintauchen, damit sie das Wasser aufsaugen können. Im Anschluss empfiehlt es sich, das Shampoo zunächst gründlich in die Kopfhaut einzumassieren, denn hier sitzt meist der meiste Build-Up, abgestorbene Hautschuppen, Schweiß und Talg. Die restlichen Haare und vor allem die Haarspitzen lässt du zunächst Shampoo-frei. Wenn du das Shampoo dann ausspülst – kopfüber oder unter der Dusche – fließt das Shampoo von deiner Kopfhaut über deine restlichen Haare und reinigt sie so mit. Gerne kannst du jetzt auch zusätzlich ein wenig Shampoo auf die restlichen Haare geben. Die Hauptsache ist einfach, dass du dein Haar von Schmutz befreist, sodass es eine anschließende Haarkur oder die Wirkstoffe von Ölen und Pflegeprodukten wieder richtig aufnehmen kann.

Haare richtig trocknen

Ein weiterer Schritt, der auf die Haarwäsche folgt, ist das Trocknen der Haare. Im Sommer und bei warmen Temperaturen erweist sich dies oft als leichter, als es im Winter oder bei Kälte der Fall ist. Bei der Wash-and-Go Methode (die wir im Folgenden vorstellen werden) kann man, vor allem im Sommer, die Haare einfach an der Luft trocknen lassen. Zuvor sollten die Haare allerdings abgetrocknet werden, sodass sie nicht klatschnass sind. Dies geschieht am besten mit einem alten T-Shirt oder Mikrofasertuch, ganz einfach, weil Mikrofasern oder die dünne Baumwolle eines T-Shirts Haarbruch vermeiden. Ideal ist es auch, wenn die Haare nach der Haarwäsche und Kur abgeteilt oder zu groben Twists gedreht sind. Anschließend sollten sie möglichst nicht zu trocken gerubbelt werden. Überflüssiges Wasser und Spülung sollte aus den Zöpfen oder Haarsträhnen eher sanft herausgedrückt werden. Anschließend kannst du die Pflegeprodukte, Öle oder Leave-In Conditioner deiner Wahl auftragen und die Haare nach Wunsch stylen und an der Luft trocknen lassen. Das Lufttrocknen ist die schonendste Trockenmethode, die allerdings auch ihre Zeit in Anspruch nimmt.

Wenn allerdings keine Zeit ist, dann dürfen die Haare auch ruhig geföhnt werden – idealerweise mit einem Diffuser und das nicht zu heiß. Ein guter Diffusor sorgt durch den verringerten Luftstrom für ein gewisses Volumen, und dafür, dass kein Frizz entsteht. Außerdem definieren sich die Locken besser, wenn sie mithilfe eines Diffusors und nicht mit einem herkömmlichen Föhn getrocknet werden. Genauso wie bei der Wahl eines Glätteisens solltest du auch bei einem Föhn mit Diffusor nicht sparen. Produkte mit einer sogenannten Die *Ionic Ceramic-Technologie* sollen zum Beispiel dafür sorgen, dass das Haar beim Föhnen geschützt und Frizz bis zu 75 Prozent reduziert wird.

Vor dem Föhnen solltest du ein entsprechendes Haarpflegeprodukt gleichmäßig in deine nassen Locken einmassieren. Dies schützt die Haare zusätzlich vor der trockenen Föhnluft und sorgt für eine Definition der

Locken. Anders als beim Kämmen der Krauselocken, solltest du beim Föhnen mit dem Diffusor allerdings nicht bei den Haarspitzen anfangen, um zu vermeiden, dass sie austrocknen. Vielmehr setzt du den Diffusor an den Haaransatz an und beginnst hier mit dem Trocknen. Erst wenn der Ansatz zu 80 Prozent getrocknet ist, machst du mit dem Rest des Haares weiter. Föhne deine Haare am besten in Abschnitten trocken. Dafür kannst du erst an eine Seite deines Kopfes beginnen und dann zur anderen übergehen. Um zusätzliches Volumen zu erzeugen, kannst du dir die Haare auch kopfüber mit dem Diffusor föhnen. Setze den Diffusoraufsatz am besten an den Haaransatz an und föhne diesen 20 bis 30 Sekunden lang, bevor du zum nächsten Abschnitt übergehst. Es ist wichtig, nicht zu lange an einer Stelle zu föhnen, sodass die Luft ideal und gleichmäßig zirkulieren kann und Frizz vermieden wird. Ist der Ansatz getrocknet, kannst du den Rest der Haarsträhne in Angriff nehmen, indem du die Diffusorschale durch deine Locken gleiten lässt.

Die Temperatur des Föhns solltest du keinesfalls auf höchste Stufe einstellen. Natürlich geht das Trocknen schneller, wenn die Luft sehr heiß ist. Allerdings trocknen die Haare so auch eher aus und Haarbruch wird gefördert. Nutze daher idealerweise die mittlere oder niedrige Stufe des Föhns. Einige Föhns haben auch spezielle Einstellungen zum zusätzlichen Schutz des Haars, die sich zum Föhnen der Locken eignen. Ganz wichtig ist es, dass du deine Locken nicht unnötig anfasst, bis sie gänzlich getrocknet sind. Das bewahrt ihre Definition. Außerdem solltest du deine Haare nur solange föhnen, bis sie zu 80-90 Prozent trocken sind und den Rest an der Luft trocknen lassen. Das bewahrt die Feuchtigkeit. Am Ende des Föhnprozesses schadet es nicht, die Haare noch einmal mit kalter Temperatur abzuföhnen. Ähnlich wie bei der Haarwäsche wird die von der warmen Luft geöffnete Haaroberfläche so wieder geschlossen. Je nach Haartyp sorgt das Föhnen mit den Diffusor allerdings auch für Shrinkage. Dem kann durch das Lufttrocknen der Haare in Twists oder Braids vorgebeugt werden oder du verwendest einen anderen Föhnaufsatz zum Glattföhnen der Haare oder für ein sogenanntes Blowout.

Hierfür föhnst du deine Haare mit einer Föhndüse als Aufsatz Abschnitt für Abschnitt von oben nach unten. Unterteile dein Haar dafür in 4-6 Teile, damit du sie leichter föhnen kannst, ohne dass sie verwirren. Du kannst zusätzlich eine Rundbürste zur Hilfe nehmen, die du an die Spitzen der einzelnen Strähnen ansetzt und diese dann bis zur Haarwurzel föhnst. Am besten schaust du die im Netz Videos an, wie ein perfektes Blowout funktioniert oder du liest mehr dazu in unserem Kapitel zum schonenden Glätten der Haare.

DIE HAAR-ROUTINE

Eine regelmäßige Haarpflege-Routine ist wie ein Schlüssel, der Tür und Tor zu schönen, gesunden Krauselocken öffnet. Wenn du weißt, welche Bedürfnisse dein Haar hat und wie du am besten damit umgehst, erspart dir das viel Frust und Ärger. Routinen zur Pflege der Haare können wöchentlich, täglich und monatlich durchgeführt werden. Bei täglichen Routinen werden die Locken meist aufgefrischt und gestylt, wohingegen wöchentliche oder monatliche Routinen beispielsweise eine Haarwäsche oder Tiefenkurbehandlungen miteinschließen. Allerdings ist nicht jede Haarpflege-Routine gut für dein Haar. Auch hier gilt es herauszufinden, welches Regimen am besten zu dir passt.

Dass du dich optisch nicht mit anderen Krauselocken vergleichen solltest, haben wir dir bereits ans Herz gelegt. Das Gleiche Schema gilt auch für die Haarpflege-Routine. Die Routinen anderer Krauselocken mögen vielleicht auf den ersten Blick passend für dich sein. Lifestyle, Haardichte, Porosität, Haartyp und viele andere Faktoren haben jedoch Auswirkungen auf unsere Haarpracht und jeder individuelle Haarschopf entwickelt dadurch unterschiedliche Bedürfnisse. Beim Ausprobieren neuer Routinen gilt also: Probieren geht über Studieren. Probiere neue Routinen gerne aus, lass dir dabei auch ruhig Zeit und wiederhole sie mehrere Male. Solltest du nach maximal ein bis zwei Monaten allerdings nicht zufrieden sein, dann ändere die Routine.

Ein weiterer wichtiger Punkt, den du beim Entwickeln deiner eigenen Haarroutine vermeiden solltest, ist die akribische Suche nach dem einen Haarprodukt von dem einen Produkthersteller. Marken können ihre Produkte jederzeit ändern. Wichtig ist es daher auf die Inhaltsstoffe zu achten, die dir guttun. Wir empfehlen dir außerdem, so oft es dir möglich ist auf natürliche Produkte zurückzugreifen. Rezepte zum Selbermachen schlagen wir dir in diesem Buch vor.

Esther: *Ich habe schon so vieles ausprobiert – mittlerweile ist meine Haarroutine allerdings echt simpel. Ich wasche meine Haare ein bis zweimal in der Woche mit einem Cleanser. Dann*  *trage ich, möglichst unter der Dusche, Conditioner auf meine Locken auf und bürste sie mir Strähne für Strähne. Im Anschluss ist es dann an der Zeit für eine Kur. Meistens mache ich ein Hot-Oil-Treatment mit Olivenöl. Wenn es schnell gehen muss, verwende ich auch eine gekaufte Kur, allerdings muss ich zugeben, dass das Ergebnis dann nicht so schön wird wie bei der Kur mit Olivenöl. Mein Treatment lasse ich mindestens 20-30 Minuten unter einer Wärmehaube einwirken. Anschließend spüle ich das Öl mit kaltem Wasser wieder aus, trage meinen Leave-In Conditioner auf und flechte mir die Haare zu sechs Braids. Wenn die getrocknet sind, was am nächsten oder übernächsten Tag der Fall ist, trage ich ein Braidout, dass ich je nach Bedarf auffrische.*

Weitere Beispiele für Haar-Routinen wollen wir dir im Folgenden vorstellen.

DIE TIGHTLY-CURLY-METHODE

Als wir uns dazu entschlossen hatten, unser Haar endlich natürlich zu tragen, waren wir zunächst unsicher und wussten nicht so ganz, was wir nun mit unseren Haaren anstellen sollten. Bei unseren Recherchen stießen wir allerdings auf eine Frau, die uns Mut machte: Teri LaFlesh, die Gründerin der Seite TightlyCurly.com.

Definierte Locken wie Teri, das wollten wir haben! Auf ihrer Seite gibt sie den Rat, Leave-In-Conditioner zu verwenden – Etwas, was wir zuvor noch nie gehört hatten! Auch nicht, dass man dafür auch herkömmliche Haarspülungen verwenden kann, solange sie die richtigen Inhaltsstoffe haben. (Trotzdem vertrauten wir nicht auf alles was Teri rät, denn sie ist ein Befürworter von Silikonen. Da wir festgestellt haben, dass Silikone für unser Haar eher nicht gut geeignet sind - Zumindest nicht im Leave-In Conditioner - verzichten wir auch weiterhin darauf.)

Im Rahmen ihrer Tightly Curly Methode befolgt Teri folgende Schritte um ihre Haare so toll definiert zu bekommen: Reinigen, Conditioner, Kämmen, Definieren, Trocknen, Schützen und Auffrischen.

Reinigen

Glückliche Haare sind saubere Haare. Darum sollten sie bei dieser Methode gewaschen werden: mit Shampoo und Conditioner. Je sanfter desto besser und am besten unter der Dusche. Dabei nur die Kopfhaut sanft mit Shampoo einmassieren und dann das shampoonierte Wasser über die

Haare rinnen lassen. Dadurch reinigt das Shampoo die gesamten Haare, bis zu den Spitzen.

Teri rät: Shampooniere deine Haare nur einmal und nicht mehrmals, sonst werden sie zu trocken! Um definierte Locken zu erhalten, sollten die Haare nach dem Shampoonieren noch einmal mit einem Conditioner „gewaschen" werden. Teri nennt diese Conditioner *Rinsing Conditioners*. Rinsing Conditioner sind als Leave-In Conditioner ungeeignet, da ihre Konsistenz nicht so dick ist. Wir verwenden herkömmliche Feuchtigkeitsspülungen aus dem Drogeriemarkt. Davon wird eine großzügige Menge auf der Kopfhaut aufgetragen, ins restliche Haar einmassiert und dann sanft wieder ausgespült.

Conditioner

Jetzt kommt einer der wichtigsten Schritte der Tightly-Curly-Methode. Das Verwenden von Leave-In-Conditioner, oder wie Teri sie nennt: *Combing Conditioner*. Das ist Conditioner, der in den Haaren bleibt und nicht ausgewaschen wird – also Leave-In Conditioner. Mit diesem Conditioner in den Haaren werden die Haare später gekämmt.

Teile deine noch feuchten Haare locker in zwei oder mehrere Teile auf. Nimm eine großzügige Portion deines bevorzugten Leave-In Conditioners (bestenfalls ohne Silikone und Parabene) und trage ihn auf die Haarpartien auf. Achte darauf, dass der Conditioner sich großzügig und dick auf den Haaren verteilt. Quetsche ihn richtig in deine Haare hinein! Seid nicht zu sparsam damit. Das Haar sollte förmlich triefen vor lauter Conditioner! Mach dir keine Sorgen: Später kämmst du viel Conditioner wieder aus den Haaren raus.

Kämmen

Teri benutzt zum Kämmen ihrer Haare eine D4 Denman Brush. Teile die Haare beim Kämmen in mehrere Strähnen auf. Beginnt beim Kämmen immer an den Haarspitzen und kämmt dort erstmal die Knoten raus und entwirrt sie zusätzlich mit den Fingern. Kämme dir dann Schritt für Schritt zum Haaransatz hoch. Nicht erschrecken, wenn deine Haare zwischenzeitlich aussehen, also hätten sie Tollwut. Das ist nur der Conditioner, der beim Kämmen aufschäumt. Damit es beim Kämmen nicht weh tut, halte deine Haarsträhnen so fest, wie auf dem Bild. Teri nennt das Pinch-Grip.

Definieren

Am Ende definiert Teri ihre Haare zusätzlich. Dafür hat sie verschiedene Methoden. Entweder fährt sie mit ihren Fingern durch die Haare, sodass die Locken sich besser zusammenfinden. Oder sie dreht sie zusätzlich mit den Fingern auf. Am beliebtesten ist aber folgende Methode: Die feuchten, gekämmten Locken finden sich automatisch und auf natürliche Weise zusammen. Um diesen Effekt noch zu verstärken, fährt sie mit den Fingern über die einzelnen Strähnen.

Trocknen

Nach der Prozedur lässt Teri ihre Haare von Luft trocknen und rät ausdrücklich: „Macht nichts mit euren Haaren, während sie trocknen!" Und überhaupt gilt: Trockene Locken sollten nicht gekämmt werden, wenn man sie nicht in eine "Wolke" verwandeln möchte!

Schützen

Um die Haare in der Nacht zu schützen macht Teri sich Zöpfe. Damit man sie am nächsten Morgen besser aufbekommt, dreht sie die Enden der Zöpfe zusätzlich zu Twists. Sonst macht sie sich auch einen Dutt mit der Pineappling-Technik.

Auffrischen

Am nächsten Morgen macht Teri nicht viel. Sie öffnet die Zöpfe und geht mit ein wenig Wasser und Conditioner durch ihre Haare. Wir benutzen beim Anwenden dieser Technik dafür meist eine Sprühflasche. Das wirkt auch toll. Im  YouTube-Video: „Natural hair: *„Tightly curly method QUICKIE (KrauseLocke)"* zeigt Esther wie sie die Tightly-Curly-Methode anwendet.

DIE CURLY-GIRL-METHODE

Die Curly-Girl-Methode ist eine Haar-Routine, die trockenes, widerspenstiges Haar aufpäppelt, indem du sie von Silikonen, Parabenen, Sulfaten und starker Hitze fernhältst. Die Ergebnisse variieren natürlich je nach Haarstruktur und Länge. Deswegen probiere die Methode aus, um zu erfahren, ob sie zu dir passt. Erfunden wurde die Methode von Lorraine Massey, die der Methode auch den Spitznamen „No Poo" (zu Deutsch: „kein Shampoo") gegeben hat. Damit möchte sie darauf hinweisen, dass es sehr wichtig ist, keine Shampoos und Conditioner zu benutzen, die auf Sulfaten und Co. basieren.

Schritt 1: Haarreinigung

Es könnte sein, dass auf deinem Haar, durch deine bisherige Haarroutine noch einige Silikone und andere Produktrückstände anhaften. Um dein Haar davon zu befreien, solltest du sie gründlich mit einem beliebigen Shampoo waschen. Wenn du dich dauerhaft für die Curly-Girl-Methode entscheidest, kannst du diese Haarwäsche als die letzte betrachten, bei der du ein Shampoo zum Reinigen benutzt.

Schritt 2: Sortiere deine alten Haarshampoos und Spülungen aus

Leider beinhalten die meisten gängigen Shampoos aggressive Sulfate, die deine lockigen Haare austrocknen und schädigen können. Deine Haare besitzen allerdings die Fähigkeit, ihre eigenen Öle zu binden und sich somit auf natürliche Art und Weise selber zu schützen und Feuchtigkeit zu bewahren. Damit Sulfate deinen Haaren die Feuchtigkeit nicht entziehen, ist es nach der Curly-Girl-Methode daher ausreichend dein Haar allein mit einem Sulfat-freien Conditioner von Schmutz zu befreien. Jedoch ist zu erwähnen, dass das nicht jedermanns Sache ist und du erst beim Ausprobieren merken kannst inwieweit dir das reicht für dein persönliches Sauberkeitsgefühl. Falls du Shampoo brauchst, achte darauf eins zu verwenden, welches etwas mildere Inhaltsstoffe beinhaltet.

Schritt 3: Besorge dir Sulfat- und silikonfreie Produkte

Du kannst bis zu drei verschiedene Conditioner zur Haarpflege verwenden. Einen für die Kopfhaut, einen zum Befeuchten und einen, den du als Leave-In-Conditioner verwenden kannst. Natürlich kannst du auch nur einen Conditioner für den ganzen Prozess verwenden. Auch deine Styling-Produkte sollten von nun an Silikon- und Sulfat-frei sein.

Schritt 4: Schneide regelmäßig deine Spitzen

Indem du regelmäßig deine Haarspitzen schneidest, befreist du dein Haar von Spliss und schaffst eine Grundlage für gesunden Haarwachstum.

Und nun: Starte die Curly-Girl-Routine

Mache dein Haar unter der Dusche nass und massiere den Conditioner in Haare und Kopfhaut ein. Durch die leichte Kopfhautmassage werden Schmutzreste abgelöst. Anschließend alles gründlich mit Wasser auswaschen. Die Conditioner-Reinigung kannst du mehrmals pro Woche durchführen. Je nachdem wie sehr du eine Reinigung der Kopfhaut benötigst. Daraufhin solltest du einen Conditioner in dein feuchtes Haar verteilen. Deine Finger oder ein grobzinkiger Kamm helfen dir beim Entwirren des Haares. Am besten beginnst du an den Haarspitzen und kämmst dich nach oben hin zur Kopfhaut durch. Den Conditioner kannst du nun 5-10 Minuten einwirken lassen. Damit gibst du deinem Haar eine extra Portion Feuchtigkeit. Durch das benutzen von kühlem Wasser beim

Auswaschen, verringerst du Frizz und deine Haare erhalten ein Extra an Glanz. Nun kannst du deine Produkte im Haar verteilen. Hier hast du freie Auswahl zwischen Leave-In-Conditioner, Haargel oder Lockencreme. Huptsache, deine Produkte sind Silikon und Sulfat-frei. Viele Krauselocken bevorzugen es, mit einem Leave-In Conditioner zu beginnen, um den Frizz vorzubeugen. Daraufhin kannst du evtl. weiterhin Styling Produkte verwenden, um deinem Haar mehr Definition zu geben.

 Extra Tipp: Wenn du nach der Haarwäsche 5 Minuten wartest, haben sich deine Haare zusammengefunden, ihre natürliche Form angenommen und du kannst mit den Fingern eventuell Locken formen, indem du zum Beispiel Strähne für Strähne um den einzelnen Finger wickelst oder sie einfach einmal durchknetest.

Oft tropfen die feuchten Haare nach der Prozedur noch eine Weile. Um überschüssige Nässe zu vermeiden, kannst du mit einem Seidentuch, Shirt oder einem Mikrofaserhandtuch deine Haare kurz durchkneten. Bitte benutze kein gängiges Frotteehandtuch, da dieses die Feuchtigkeit deinem Haar entzieht. Bei sehr langem Haar, kannst du dir mit den oben genannten Tüchern einen Turban binden und 10-20 Minuten auf deinem Kopf lassen. Danach noch etwas Leave-In Conditioner oder Lockencreme ins Haar und das Haar hat wieder die benötigte Feuchtigkeit.

Natürlich wäre es nun am besten, deine Haare an der Luft trocknen zu lassen. Wenn du es eilig hast, kannst du deine Haare aber auf kalter Stufe föhnen. Dabei ist es von Vorteil, einen Föhn zu verwenden, der einen Diffuser hat. Ein Diffuser vermindert beim föhnen Frizz und kräuseln. Wenn du deine Haare nach dem Föhnen noch ca. 20% feucht lässt und den Rest so trocknen lässt, verminderst du ebenso strohigen Frizz. Merke: Je öfter du dir beim Föhnen oder Trocknen ins Haar fasst, umso undefinierter können die Locken werden.

WASH AND GO

Das *Wash & Go* ist eine beliebte und schnelle Methode, um deine Locken ohne großen Aufwand zurechtzumachen. „Wash and Go" hört sich nach einer relativ einfachen Methode an, aber für viele Krauselocken scheint dies am Anfang eine große Herausforderung zu sein. Durch anfängliche Unsicherheit haben auch wir zunächst viel zu viel Geld für die verschiedensten Produkte ausgegeben. Dazu kam, dass die ja eigentlich schnelle „Wash and Go Methode" Stunden über Stunden und somit sehr viel Zeit auf sich nahm. Dabei braucht es im Grunde nur ein paar schnelle Griffe, um die Haarpracht mit dieser Technik auf Vordermann zu bringen – wenn man sie richtig anwendet.

„Wash and Go" bedeutet, dass du dein Haar wäschst (bevorzugt unter der morgendlichen Dusche) und anschließend ohne weiteren Aufwand deinen Tag angehst. Das bedeutet, bei dieser Methode ist kein Haarföhnen oder besonderes Haarstyling von Nöten und das Auftragen von verschiedenen Haarprodukten ist dementsprechend sehr minimal.

Der vermutlich schwierigste Schritt, um das „Wash and Go" zu perfektionieren, ist die Akzeptanz, dass die Methode nicht für jede Krauselocke geeignet ist. Was wir damit sagen wollen ist, wenn deine Locken im natürlichen Zustand (ohne Produkte) wenig Definition aufweisen, also sich demnach nicht zu einzelne Locken zusammenfinden, und du dir durch die Methode aber definierte Locken erhoffst, dann wird sie dir vermutlich nicht sehr gefallen. Denn die Idee hinter dieser Technik ist: Haare waschen und das Haus verlassen. Wenn du allerdings relativ viel Zeit damit verbringst, deine Haare mit den verschiedensten Produkten zu stylen und zu definieren, zählt dies nicht mehr zum „Wash and Go". Du solltest deine Haare also in ihrem wirklichen, natürlichen Zustand akzeptieren, wenn du ein *Wash & Go* in Angriff nimmst.

Zunächst solltest du dir demnach folgende Fragen stellen: Bin ich zufrieden wie meine Haare aussehen, wenn ich sie frisch gewaschen und noch keine Produkte verwendet habe? Werde ich meine Haare mit Zufriedenheit annehmen können, auch wenn sie sich nicht definiert zusammenfinden?

Wenn du beide Fragen mit einem freudigen JA beantworten kannst, dann warte nicht mehr lange und probiere das *Wash & Go* aus!

Das perfekte Wash & Go

Starte unter der Dusche mit einem einfachem „Co-Washing." Dies bedeutet, du wäschst deine Haare nicht mit einem Shampoo, sondern überspringst diesen Schritt und greifst direkt zu einer Spülung. Lass die Spülung einwirken und entwirre dein Haar mit den Fingern oder einem breiten Kamm. Das Waschen mit der Spülung gibt deinem Haar schon mal ein optimales Level an Feuchtigkeit. Wasche danach die Spülung mit kaltem Wasser aus. Das kalte Wasser bewirkt, dass die Feuchtigkeit besser in deinem Haar gespeichert wird. Zudem vermindert es strohig aussehendes Haar und lässt es glänzen. Knete nun kopfüber deinen Leave-In-Conditioner und/oder Haaröl in die noch sehr feuchten Locken. Durch das Einkneten lässt sich das Produkt besser im Haar verteilen, ohne das die Locken herausgezogen werden.

 Extra Tipp: Je nasser deine Haare bei diesem Vorgang sind, umso so mehr glänzen sie im Nachhinein.

Nun kannst du deine noch feuchten Haare mit der Pineapple-Methode zusammenbinden. Binde dir über Kopf einen lockeren Zopf (der Zopf sitzt auf der Kopfmitte, wie bei einer Ananas). Benutze ein Seidentuch oder ein größeres Haargummi dafür. Der Zopf sollte stets locker sitzen. Fummle nicht an deinen Haaren herum, solange sie nicht einigermaßen angetrocknet sind.

Wenn du bereit bist, das Haus zu verlassen, mache deine Haare auf und schüttle dein Kopf hin und her. Shake it, Baby! Du kannst anschließend deine Finger benutzen, um deine Locken etwas zu arrangieren. Aber vergiss nicht, je mehr du deine Haare berührst, umso mehr Frizz entsteht.

Das Wash & go eignet sich ideal für warme Jahreszeiten. Im Sommer kannst du gerne mit feuchten Haaren rausgehen an die frische Luft. Die Sonne trocknet deine Haare schnell und zugleich erfrischt dich ein „Wash and go" bei der Hitze. Im Winter raten wir eher davon ab mit nassen Haaren das Haus zu verlassen. Die Gefahr krank zu werden ist doch zu groß.

DIE LOC oder LCO-METHODE

Die LOC- oder wahlweise LCO-Methode eignet sich vor allem für sehr trockenes Haar und sorgt dafür, dass dieses ausreichend mit Feuchtigkeit versorgt wird. Der Clou hierbei ist, dass bei dieser Methode Haarprodukte in bestimmter Reihenfolge aufgetragen werden, was dafür sorgt, dass die Feuchtigkeit förmlich im Haar versiegelt wird. Dabei ist die LOC-Methode im Grunde keine vollständige Haar-Routine. Bevor sie angewendet wird, sollten die Haare idealerweise schon gewaschen, gekämmt und ready für das Styling sein. Erst dann kommen die LOC- oder LCO-Methode ins Spiel. Die Abkürzungen LOC- oder LCO stehen für die Reihenfolge, in der die Produkte nach der Haarwäsche aufgetragen werden.

LOC steht demnach für die Reihenfolge: *Liquid* (Feuchtigkeit durch Wasser), *Oil* (Öl) und *Cream* (zum Beispiel ein Leave-In-Conditioner). Bei der LCO-Methode werden hingegen Feuchtigkeit (*Liquid*), Creme und erst anschließend das Öl aufgetragen.

Bei der LOC-Methode schließt der reichhaltige Leave-In Conditioner, der am Ende des Prozesses aufgetragen wird, die Feuchtigkeit und Pflege des Öls im Haar ein. Bei der LCO-Methode soll das Öl-Finish die Feuchtigkeit des Conditioners einschließen. Auch hier gilt, probiere aus, was am besten für dich passt.

> *Esther: Ich bevorzuge die LOC-Methode und schließe damit am die feuchtigkeitsspende Wirkung von Olivenöl in meine Haare ein, vor allem dann, wenn ich einen industriell hergestellten Leave-In verwende. Öl ist für mich ein natürliches Haarprodukt, dessen Feuchtigkeit ich lieber in meine Haare einschließe, als die pflegenden Stoffe eines industriell hergestellten Produkts.*

DIE RICHTIGEN HAARPFLEGE-PRODUKTE

Die richtige Haarkur finden

Regelmäßige Tiefenhaarkuren sind für Krauselocken wichtig. Das sogenannte *Deep Conditioning* hilft dabei, das Haar mit Feuchtigkeit zu versorgen, zu stärken und vor Haarbruch und den Strapazen täglichen Stylings zu schützen. Haarkur ist allerdings nicht gleich Haarkur. Je nach Haartyp und Porosität bedarf es unterschiedlicher Kuren zur richtigen Haarpflege. In Bezug auf krause Haare und Locken unterscheidet man gerne zwischen Protein- und Feuchtigkeitskuren.

Wie der Name schon sagt versorgen feuchtigkeitsspendende Tiefenkuren das Haar mit Feuchtigkeit. Vor allem Haare mit einer Low-Porosity sind auf die regelmäßige Feuchtigkeitskur angewiesen. Durch die verschlossene Haaroberfläche (Cuticula) dringen Feuchtigkeit und pflegende Inhaltsstoffe nur schwer ins Haar ein. Regelmäßige Feuchtigkeitskuren „weichen" die Haaroberfläche sozusagen auf, was dafür sorgt, dass die Feuchtigkeit ins Haar eindringen kann. Am besten können Feuchtigkeitskuren in Low-Porosity Haare eindringen, wenn das Haar zuvor mit warmem Wasser gewaschen wurde und die Kur idealerweise unter einer Haube einwirken kann. Das Anschließende Ausspülen der Kur mit kaltem Wasser verschließt die Cuticula letztlich wieder, sodass die Pflegenden Inhaltsstoffe der Kur im Haar verschlossen bleiben.

Protein-Kuren empfehlen sich vor allem bei Haartypen, die eine High-Porosity aufweisen. Da die Haaroberfläche des Haars hier eher „offen" ist, fällt es dem Haar bei High-Porosity schwer, Feuchtigkeit einzuschließen. Proteinhaarkuren versorgen das Haar mit wertvollen Eiweißen, die die „Löcher" in der Haaroberfläche versiegeln und es dem Haar somit erlauben, Feuchtigkeit zu speichern und zu stärken. Natürlich können Proteinkuren problemlos auch bei den anderen Porosity-Typen angewendet werden. Man sollte sie dann nur nicht zu oft anwenden, da das Haar sonst zu viel „Build-Up" aufbaut und stumpf und steif werden kann. Dies ist vor allem bei der Low-Porosity Haarpflege zu beachten. Bei High-Porosity Haaren kann so eine Proteinkur allerdings wöchentlich angewendet werden. Medium-Porosity Haare freuen sich, wenn sie in einem ausgewogenen Maß an beiden Kurvarianten gepflegt werden. Natürliche Zutaten für Proteinkuren sind beispielsweise Eier oder Joghurt. Am besten wirken die Kuren, wenn sie anschließend mit Öl versiegelt werden.

Passende Inhaltsstoffe in gekauften Produkten

Bevor wir dir im Folgenden ein paar Produkt-Rezepte zum Selbermachen geben, möchten wir dich auf Inhaltsstoffe aufmerksam machen, die idealerweise in industriell hergestellten Produkten enthalten sein sollten, die du dir kaufst. Denn seien wir ehrlich: nicht immer haben wir die Zeit zum Selbermachen. Oft muss es schnell gehen und da tragen gekaufte Produkte ihren Teil bei. Produkte der Marke Afrolocke zum Beispiel wurden speziell für die Bedürfnisse unseres krausen Haars entwickelt. Außerdem gibt es zahlreiche andere Hersteller, die passende Produkte anbieten.

Ein Hauptbestandteil eines angemessenen Haarprodukts ist ganz simpel: nämlich Wasser. Wasser spendet Feuchtigkeit und gehört zu den Schlüsselkomponenten, die unser Haar braucht, um gesund zu bleiben. Das gilt übrigens auch für unseren Körper, denn dieser besteht bis zu 65 Prozent aus Wasser. Das flüssige Gold sollte daher ganz oben auf der Liste der Inhaltsstoffe stehen.

Des Weiteren sind Vitamine wichtig für die Haargesundheit und vor allem unsere Haarfollikel profitieren davon. Vitamin A ist ideal für das

Haarwachstum und die Erneuerung der Zellen geeignet. B-Vitamine stärken das Haar und Vitamin C enthält Antioxidantien, die freie Radikale abwehren. Vitamin D kann bei der Bildung neuer Haarfollikel helfen und beugt Haarausfall vor, genauso wie Zink. Auch Vitamin E ist ein hervorragender Feuchtigkeitsspender und hilft beim Aufbau von Kollagen. Kollagen ist ein natürliches Protein, das beim Stärken der Haare hilft, ähnlich wie Keratin. Die Investition in Produkte, die Vitamine enthalten, lohnt sich daher immens. Das Gleiche gilt für Extrakte. Vereinfacht erklärt sind Extrakte Wirkstoffe, die aus Pflanzen gewonnen werden. Schachtelhalm-Extrakt zum Beispiel stimuliert das Haarwachstum). Aber auch Ringelblumen- oder Klettenwurzelextrakte sind eine Wohltat für das Haar und gleichen die Talgproduktion aus. Rosmarin wird nachgesagt, dass es vorzeitiges Ergrauen verlangsamt und Aloe Vera sorgt für Feuchtigkeit. Ginseng-Extrakte stimulieren die Haarfollikel und sorgen für Durchblutung und Brennessel-Extrakte eignen sich zur Behandlung von Schuppen – um nur einige Beispiele zu nennen.

Sogenannte *Humectants*, sind Feuchthaltemittel, die das Haar in industriell hergestellten Produkten mit Feuchtigkeit versorgen. sind gut für Sie sind nämlich Lage sind, Feuchtigkeit aus der Luft in das Haar zu ziehen. Honig, Coenzym Q10, hydrolysiertes Kollagen, Algenextrakt sind beispielsweise Feuchthalter. Außerdem dient pflanzliches Glycerin als Feuchthaltemittel. Allerdings ist hier bei sehr trockener Heizungsluft Vorsicht geboten. Ist die Umgebungsluft nämlich zu trocken, holt sich Glycerin seine Feuchtigkeit direkt aus dem Haar, was zu Trockenheit führt.

Öle in gekauften Produkten tragen auch herheblich zur Haarpflege bei. Hierbei sind vor allem Avocado-, Mandel-, Jojoba-, Traubenkern-, Macadamia-, oder Arganöl empfehlenswert.

DO IT YOURSELF – REZEPTE ZUM SELBERMACHEN

Es gibt heute eine Vielzahl an vielversprechenden Haarpflege-Produkten für Krauselocken auf dem Markt und wir könnten jetzt eine lange Liste anfangen, und diese der Reihe nach aufzählen. Aber das tun wir nicht. Klar, verwenden auch wir industriell hergestellte Haarpflege-Produkte und erfreuen uns an der immer wachsenden Auswahl, die der Markt mittlerweile für uns Krauselocken bereithält. Es gab Zeiten, da sah das noch ganz anders aus. Aber Haarprodukte stehen im stetigen Wandel, Hersteller wechseln ihre Inhaltsstoffe so oft wie manch einer seine Socken und überhaupt sind wir der Überzeugung, dass es am gesündesten ist, die Haarpracht mit natürlichen Inhaltsstoffen zu pflegen. Getreu dem Motto „selbst ist die Krauselocke" findest du im Folgenden also einige Rezepte für Haarpflege-Produkte zum Selbermachen! Dabei haben wir uns auf Zutaten beschränkt, nach denen du im Handel nicht lange suchen musst.

Avocado-Haarmaske

Obwohl Avocados pro 100 Gramm mindestens 150 Kalorien haben, sind sie sehr gesund. Dem hohen, ungesättigten Fettgehalt wird nicht nur nachgesagt, gut für den Körper zu sein. Die in der Avocado enthaltenen Vitamine und Mineralstoffe versorgen trockene Haare optimal mit Feuchtigkeit und strahlendem Glanz. Die Avocado-Haarmaske ist für jeden Haartypen geeignet und sorgt für Feuchtigkeit und Geschmeidigkeit. Für die Avocado-Haarmaske benötigst du:

1 Avocado
3 Esslöffel natives Olivenöl
2 Esslöffel Honig
1 Schüssel
1 Stabmixer

Schneide die Avocado in zwei Hälften, entferne den Kern und höhle das Fruchtfleisch aus. Gib es, zusammen mit den restlichen Zutaten, in eine Schüssel. Mische die Zutaten nun mithilfe eines Stabmixers solange zusammen, bis eine gleichmäßige, grüne Masse entsteht. Trage die Masse nun auf dein frischgewaschenes, feuchtes Haar auf. Setze dir eine Haube auf, um die Feuchtigkeit besser einziehen zu lassen. Die Wärme, die unter der Haube entsteht, sorgt dafür, dass sich die Haaroberfläche öffnet und die Feuchtigkeit besser ins Haar eindringen kann. Die Maske kannst du anschließend gut und gerne bis zu einer Stunde einwirken lassen.

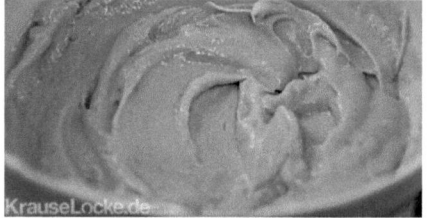

Aloe Vera-Haarkur

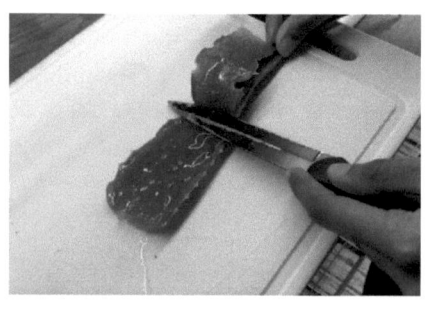

Zugegeben: Hierzulande ist es nicht ganz so einfach an frische Aloe Vera Pflanzen ranzukommen. Aber wenn du mal durch einen Baumarkt oder Pflanzenshop spazierst, wirst du dort sicher die eine oder andere Aloe Vera Pflanze finden. Hat man eine ergattert, lässt sich aus der Wunderpflanze nur Gutes zaubern. Vor allem bei Hitze sorgt Aloe Vera Gel für Abkühlung und einen strahlenden Teint. Für Krauselocken können wir Aloe Vera Gel gemischt mit etwas Olivenöl als Haarkur empfehlen. Hierfür trennst du ein oder zwei Aloe Vera Blätter von einer Aloe Vera Pflanze ab, schneidest die Blätter der Länge nach auf und kratzt das darin enthaltene Gel mit Hilfe eines Löffels heraus. Das Gel mischst du anschließend mit einer beliebigen Menge Olivenöl (oder einem Öl deiner Wahl). Die Mischung kannst du ins gewaschene Haar einmassieren, mindestens 20 Minuten einwirken lassen und ausspülen. Wir empfehlen zum Ausspülen kaltes Wasser. Das sorgt nicht nur für einen kühlen Kopf, sondern auch dafür, dass die Locken noch mehr glänzen. Aloe Vera Gel lässt sich übrigens auch prima einfrieren und bei Bedarf aus dem Eisfach holen.

Joghurt-Haarmaske

Diese Haarmaske ist eine wahre Protein-Bombe! Für Low-Porosity Haare eignen sich Protein-Masken alle 2 bis vier Wochen, da zu viele Proteine dafür sorgen, dass Low-Porosity Haare zu stark austrocknen. Krauselocken mit High- und Medium Porosity Haaren können gerne häufiger auf Proteinhaarkuren zurückgreifen. Das in dieser Maske enthaltene Vitamin-E verleiht dem Haar eine Extra-Portion Glanz. Du benötigst:

1 Tasse Joghurt (zum Beispiel griechischen Joghurt)
2 Esslöffel Honig
4 Esslöffel Olivenöl
Optional: 2 - 5 Vitamin-E Gelkapseln

Gib alle Zutaten in eine Schüssel, dabei solltest du die Vitamin-E Kapseln aufschneiden und ihre Füllung zur Mischung geben. Verrühre die Zutaten dann miteinander bis eine homogene Masse entsteht. Trage die Mischung anschließend auf dein feuchtes Haar auf. Setze dir eine Duschhaube auf oder binde dir ein Mikrofasertuch um den Kopf, sodass Wärme entsteht und lasse die

Haarkur ungefähr 30 Minuten einwirken. Anschließend spülst du die Haarmaske gründlich mit lauwarmem Wasser aus.

Leave-In mit Sheabutter und Sheasahne

Sheabutter ist ein wahres Wundermittel für Haut und Haare. Sie wird aus den Nüssen des westafrikanischen Karitébaums gewonnen. Die in der Sheabutter enthaltenen Provitamine-E, ungesättigte Fettsäure und viele weitere, wertvolle Inhaltsstoffe versorgen Haut und Haar mit allem was sie brauchen und machen sie schön geschmeidig.

Sheabutter gibt es in unraffinierter und raffinierter Form. Unraffiniert bedeutet soviel wie naturbelassen und es handelt sich dabei um die natürlich gewonnene, reine Sheabutter.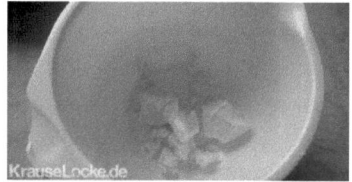

Raffinierte Sheabutter kommt in Cremes und anderen Kosmetikprodukten vor. Es handelt sich dann nicht um „reine" Sheabutter, sondern um ein Produkt, das Sheabutter enthält. Meistens sind chemische Zusätze beigemischt. Unser DIY Sheabutter-Leave-In kommt aber ganz ohne Chemie aus, ist sehr feuchtigkeitsspendend und hilft ideal dabei, Frizz entgegenzuwirken. Für eine Portion benötigst du:

2 Esslöffel Olivenöl oder anderes Öl deiner Wahl
2 Esslöffel Sheabutter (unraffiniert)
Einige Tropfen ätherisches Öl deiner Wahl (zB. Zitrus, Minze oder Lavendel)
Optional: 3 Esslöffel Honig (muss aber nicht sein)

Du kannst noch weitere Öle hinzufügen, wenn du magst oder das Kokosöl durch ein anderes Öl ersetzen (Teebaum, Avocado-, Jojoba-, Kokos-, Mandel- oder Arganöl, um nur einige zu nennen). Lasse das Öl, die Sheabutter und den Honig in der Mikrowelle 15-30 Sekunden schmelzen oder erwärme die Zutaten 2-5 Minuten auf dem Herd bis die Butter weich ist. Gieße die Mischung anschließend in eine Schüssel und rühre sie gut durch, zu Beispiel mit einem Schneebesen). Stelle sie anschließend für etwa 5-10 Minuten in den Gefrierschrank. Nachdem die Mischung ausgehärtet ist, kannst du sie bereits als Leave-In Conditioner verwenden.

Wenn du dir eine **cremige Sheasahne** herstellen möchtest, warte bis zwei Drittel der Mischung ausgehärtet ist. Nehme sie dann aus dem Tiefkühlfach und schlage sie mithilfe eines Handrührmixers zu einer fluffigen Sahne auf. Bei diesem Prozess kannst du auch noch mehr Öl deiner Wahl hinzufügen. Shea-Leave-In und Sheasahne eignen sich auch zur Körperpflege, halten so lange wie die darin enthaltenen Naturprodukte und müssen auch nicht im Kühlschrank aufbewahrt.

Geheim-Tipp: Sheabutter bekommst du in vielen Afroshops zu kaufen. Der Onlineshop *echt-vital.de* vertreibt unraffinierte Bio-Sheabutter. Mit dem Gutscheincode: *krauselocke* erhältst du als Neukund*in dort 10% auf deinen Einkauf.

Oil-Treatment für mehr Feuchtigkeit und Glanz

Oil-Treatments eignen sich für jeden Haartypen und gehören zu unseren Lieblingshaarpflegekuren. Sie sind schnell und einfach anzuwenden und bieten maximale Feuchtigkeit und Pflege. Bei einem einfachen Oil-Treatment trägst du nach der Haarwäsche Öle deiner Wahl auf deinem Haar auf und lässt diese, idealerweise unter einer Dusch- oder Wärmehaube mindestens 30-60 Minuten einwirken. Die Wärme öffnet die Haaroberfläche und lässt die pflegenden Inhaltsstoffe des Öls besser und tiefer ins Haar eindringen.

Es gibt zahlreiche Öle mit unterschiedlichen Pflegewirkungen. Unser Lieblingsöl ist hier das Olivenöl, da es leicht erhältlich ist, Spliss vorbeugt und trockenes Haar ausreichend mit Feuchtigkeit und Glanz versorgt. Viele Krauselocken schwören auch auf Kokosöl, um Schuppen und Trockenheit vorzubeugen. Aber auch Avocado-, Argan-, Jojoba- oder Traubenkernöl oder gar eine Mischung aus verschiedenen Ölen erfüllen ihren Zweck in Sachen Feuchtigkeit. Es gilt die Devise: Probiere selber aus, welches Öl deinen Haaren schmeckt. Jede Krauselocke hat ihr persönliches Lieblingsöl und die Geister scheiden sich bei der Antwort auf die Frage, welches nun das „beste" Öl ist. Wenn du in der Wahl nach deinem idealen Haaröl unsicher bist, tausche dich in unserem KrauseLocke-Forum bei Facebook mit anderen Krauselocken aus oder probiere einmal folgende Anwendung mit Olivenöl aus diese Zutaten aus:

1-2 Teelöffel Honig
3-6 Esslöffel Olivenöl (je nach Haarmenge mehr oder weniger. Wir improvisieren da gerne.)

Vermische das Öl mit dem Honig. Entwirre und wasche dein Haar gründlich und trage dann die Ölmischung auf dein Haar auf. Du kannst die Mischung auch mit einer Bürste Strähne für Strähne ins Haar einkämmen, damit sie sich besser verteilt. Die behandelten Strähnen kannst du zu Twists oder *Knots* eindrehen. Anschließend setzt du dir entweder eine Haube auf den

Kopf oder wickelst dein Haar in ein Mikrofasertuch. Hauptsache, es entsteht ausreichend Wärme auf deinem Kopf. Du kannst die Kopfbedeckung zusätzlich einige Minuten mit einem Föhn föhnen, um die Wärme darunter du verstärken. Anschließend lässt du das Öl mindestens 30 Minuten einwirken, bevor du das Öl zunächst mit warmem Wasser wieder ausspülst. Anschließend braust du dir die Haare mit kaltem Wasser ab, um die Feuchtigkeit im Haar zu bewahren.

Esther: Ich habe verschiedene Haartypen auf dem Kopf. Die meisten davon sind 3c/ 4a Haare und ich spüle die Öl-Mischung nur zu 80% aus meinen Haaren aus. Den Rest lasse ich im Haar, sozusagen als Leave-In. Zunächst wasche ich das Öl mit warmem Wasser aus, am Schluss brause ich mir den Kopf dann nochmal mit kaltem Wasser ab. So schließt sich die Haaroberfläche und meine Locken bleiben länger mit Feuchtigkeit versorgt und glänzen auch mehr. Für meine Ölkuren verwende ich unterschiedliche Öle wie du beispielsweise in diesem Video sehen kannst: „Afrohaare: Haarkur selber machen mit Castor Oil, Arganöl und Olivenöl (KrauseLocke.TV)"

Oil-Treatment mit Protein-Kick

Vor allem für High-Porosity Haare eignet sich ein Oil-Treatment mit Protein Kick. Als Zutaten benötigst du hierfür:

1 Ei
1-2 Teelöffel Honig
3-6 Esslöffel Olivenöl

Schlage das Ei auf und verquirle es mit den restlichen Zutaten. Trage es anschließend genauso wie eine herkömmliche Ölmischung nach der Haarwäsche auf dein Haar auf und lasse 30 Minuten einwirken. Anschließend spülst du das Treatment mit warmem Wasser gründlich aus.

Lasse hier allerdings keine Rückstände im Haar, sondern Wasche das gesamte Treatment aus.

Oil-Treatment mit Kräutern

Kräuter verleihen dem Oil-Treatment zusätzliche Pflegeanteile und auch die Kopfhaut freut sich über die Zugabe von Kräutern. So hat Kamille einen beruhigenden Effekt auf die Kopfhaut, wirkt entzündungshemmend, reduziert Keime und Schuppen und fördert die Wundheilung. Rosmarin stärkt das Haar, wirkt trockner Kopfhaut und Juckreiz entgegen und hilft bei regelmäßiger Anwendung gegen Haarausfall und Schuppen. Wer unter fettiger Kopfhaut leidet, sollte zu Salbei greifen. Die im Salbei enthaltenen ätherischen Öle regulieren die Fettproduktion auf der Kopfhaut. Außerdem wirkt Salbei antibakteriell und entzündungshemmend, verleiht Glanz und stärkt die Haarwurzel. Zutaten:

1 Tasse Öl deiner Wahl (Zum Beispiel Avocadoöl, Arganöl, Olivenöl, Kokosöl, am besten in Bio-Qualität)
1 fest verschließbares Glas
3-5 Esslöffel Kräuter deiner Wahl (z.B.: Rosmarin)

Seihe die Kräuter gründlich ab und gib sie in ein Glas. Fülle dieses dann mit dem Öl auf. Verschließe das Glas fest und lasse die Mischung anschließend zwei Wochen lang ziehen. Schüttele das Glas täglich, damit sich die Inhaltsstoffe gut miteinander vermengen.

Wenn du nicht zwei Wochen lang warten möchtest, kannst du den Vorgang beschleunigen, indem du die Mischung auf dem Herd bei sehr schwacher Hitze etwa 15 bis 20 Minuten lang erwärmst und dann über Nacht ziehen lässt. Die Infusion hält gekühlt rund 6 Monate lang und wird wie ein herkömmliches Oil-Treatment angewendet.

PrePoo mit Pfefferminz

PrePoo ist die Bezeichnung für eine Haarpflege-Behandlung vor der eigentlichen Haarwäsche. Ein PrePoo verleiht dem Haar Feuchtigkeit, hilft dabei, das Haar vor der Wäsche zu entwirren und schützt es vor aggressiven Inhaltsstoffen, die in herkömmlichen Shampoos enthalten sind. Es gibt diverse Produkte, die als PrePoo verwendet werden können. Dies können herkömmliche Conditioner sein oder aber Öle wie Kokosnuss-, Oliven-, oder Traubenkernöl. Wir bevorzugen Öle, weil diese Naturprodukte sind. Die PrePoo Mischung mit Pfefferminzöl hat es uns wirklich angetan, denn sie sorgt zusätzlich für einen Frischekick auf der Kopfhaut. Das in der Pfefferminze enthaltene Menthol wirkt entzündungshemmend, beruhigt die Kopfhaut und fördert gleichzeitig das Haarwachstum. Außerdem wirkt Pfefferminze gegen einen fettigen Haaransatz. Als Zutaten kannst du folgendes verwenden:

1 – 2 Esslöffel Oliven- oder Kokosöl
5 – 10 Tropfen Pfefferminzöl

Vermische das Kokos- oder Olivenöl mit dem Pfefferminzöl in einem Behälter. Trage die Mischung anschließend mit angefeuchteten Händen auf dein trockenes Haar auf – von der Wurzel bis in die Haarspitze. Massiere die Mischung dabei auch in die Kopfhaut ein. Ein leicht prickelndes Gefühl auf der Kopfhaut durch das Pfefferminzöl ist hierbei normal. Im Express-Verfahren kannst die PrePoo Mischung 15-30 Minuten vor der Haarwäsche auftragen. Du kannst sie aber auch über Nacht, geschützt durch eine Schlafhaube, einwirken lassen, um den pflegenden Effekt nochmal zu verstärken.

PooFree-Shampoo

Krauselocken, die der PooFree (steht für Shampoo-frei) oder NoPoo-Bewegung angehören, verzichten gänzlich auf industriell hergestellte Shampoos und Conditioner, aufgrund der darin enthaltenen schädlichen

Inhaltsstoffe. Dieses Poo-Free-Shampoo kostet ungefähr 5 Cent und bringt dasselbe Ergebnis, wie ein herkömmliches, sulfatfreies Shampoo.Zutaten:

1 Esslöffel Backpulver
250 ml heißes Wasser

Das Backpulver mit dem heißen Wasser mischen und anschließend umrühren bis alles gut aufgelöst ist. Du kannst einen Trichter verwenden um die Flüssigkeit in einen Behälter zu geben. Mache dein Haar vorher gut nass und massiere die Mischung gut in Kopfhaut und Haar ein. Danach einfach mit Wasser ausspülen.

Leinsamengel

Leinsamen sind ein heimisches Superfood. Die kleinen braunen Körner enthalten jede Menge Ballaststoffe und Omega-3-Fettsäuren, die sich positiv auf unser Gesundheitssystem auswirken. Außerdem enthalten Leinsamen Schleimstoffe, die dafür sorgen, dass sie in Verbindung mit Wasser aufquellen. Aufgrund dieser Eigenschaft lässt sich aus Leinsamen ein fantastisches, natürliches Haargel zaubern, das Locken langanhaltend mit Feuchtigkeit versorgt. Zutaten:

1 Tasse (destilliertes) Wasser
1/4 Tasse Leinsamen
Optional: ätherische Öle oder Sheabutter
1 großer Topf
1 Sieb aus Draht- oder Nylongewebe (so fein wie möglich)
1 große, tiefe Schüssel
1 kleiner Schneebesen
1 wiederverschließbarer Behälter

Leinsamen kannst du in fast jedem Super- oder Drogeriemarkt kaufen oder online bestellen. Ganz wichtig ist, dass du für dein Leinsamengel ganze Leinsamenkerne und keine geschroteten Leinsamen verwendest.

Außerdem kannst du auch stinknormales Wasser für dein Leinsamengel verwenden. Destilliertes Wasser verlängert jedoch die Haltbarkeit deines Leinsamengels, da es entmineralisiert ist. Vor allem, wenn du in der Stadt lebst, kann sich eine Menge Kalk im Leitungswasser befinden. Das wirkt sich nicht immer gut auf die Haare aus und kann dafür sorgen, dass sie sich „hart" anfühlen.

Optional kannst du deinem Leinsamengel auch ätherische Öle (Teebaumöl, Lavendelöl) für die Pflege der Kopfhaut und für einen angenehmen Duft hinzufügen. Auch Olivenöl oder ein anderes, pflegendes Öl deiner Wahl sorgen für eine Extraportion Haarpflege, genauso wie Sheabutter. Die Möglichkeiten sind hier grenzenlos. Du kannst deinem Leinsamengel das hinzufügen, was deinen Haaren guttut.

Gieße das destillierte Wasser in einen Topf und gib die Leinsamen hinzu. Bringe das Wasser mit den Leinsamen dann unter gleichmäßigem Rühren zum Köcheln. Achte darauf, dass die Leinsamen nicht am Boden des Topfes haften bleiben. Sobald die Mischung anfängt zu kochen und ein eine dünne, gelee-artige Konsistenz zu bilden drehe die Hitze ein wenig herunter und rühre stets weiter. Nach circa 5-7 Minuten sollte dein Gel fertig sein. Entscheide hier selber, welche Konsistenz es haben soll. Aber Achtung: Je fester der Schleim, desto schwieriger lässt er sich später von den Leinsamen trennen.

Hat dein Gel die für dich richtige Konsistenz, stelle den Topf von der Herdplatte und schnapp dir eine Schüssel und ein feines Sieb. Das Sieb kommt oben auf die Schüssel. Gib dann die aufgequollenen Leinsamen nach und nach in das Sieb und schöpfe den Schleim ab. Wenn das überhaupt nicht funktioniert, ist dein Gel zu fest. Du kannst jetzt etwas mehr Wasser hinzugeben und nochmal rühren. Auf jeden Fall brauchst du hier ein bisschen Geduld. Beim ersten Mal hat es bei uns auch nicht so gut geklappt, aber Übung macht den/die Meister*in!

Wenn du dein Gel abgeschöpft hast, ist es im Grunde fertig. Jetzt kannst du optional ein einige Tropfen ätherischen Öls oder andere optionale Zutaten deiner Wahl hinzufügen und das Ganze mit einem Schneebesen durchrühren. Das fertige Gel kannst du nun in einen Behälter (am besten ein Schraubglas) füllen. Das Leinsamengel hält im Kühlschrank ungefähr 3 – 4 Tage. Für längere Haltbarkeit kannst es auch in kleine Portionsdöschen einfrieren und nach Bedarf auftauen.

Um die bestmögliche Wirkung deines Leinsamengels zu erhalten, solltest du dir vor dem Auftragen zunächst die Haare gründlich waschen, um es von alten Produktrückständen und Schmutz zu befreien. Anschließend empfiehlt sich eine Haarkur und dann kannst du das Gel in deine feuchten Haare einmassieren, sie anschließend wie gewohnt stylen und an der Luft trocknen lassen. Das Leinsamengel eignet sich aber auch zu Auffrischen deiner Locken, du kannst es nach Bedarf nutzen.

Reiswasser

Reiswasser ist ein echter Geheimtipp, wenn es um die natürliche Lockenpflege ohne Shampoo geht. Krauselocken kommen mit Reiswasser in Schwung, werden mit Proteinen versorgt, wirken kräftiger und kommen mehrere Tage ohne Waschen aus. Der PH-Wert von Reiswasser ähnelt dem unserer Haare. Ebenso wirken sich die vielen B-Vitamine des Reises hervorragend auf das Haar aus.

Um Reiswasser herzustellen, gibt es für den Reis zunächst eine kurze Vorwäsche. Dafür gibst du 1 Tasse Reis in eine Schüssel oder einen Messbecher und übergießt ihn mit kaltem Wasser. Anschließend kurz umrühren und durch ein Sieb abgießen. Das Wasser, welches bei der Vorwäsche entsteht, kannst du in den Abfluss gießen.

Nun den gewaschenen Reis zurück ins Gefäß schütten und mit der doppelten Menge an Wasser begießen, kurz umrühren und für ca. 30-40 Minuten ruhen lassen. Daraufhin nochmals kurz durchrühren. Das Wasser sieht jetzt leicht milchig aus.

Das Wasser wird nun mit einem Sieb abgefangen. Den Reis kannst du weiterhin zum Kochen benutzen.

Das Reiswasser bleibt nun leicht bedeckt für circa 5 Stunden bei normaler Zimmertemperatur stehen, bis es perfekt für die Verwendung genutzt werden kann. Du kannst es auch abends vorbereiten und am nächsten Morgen benutzen.

Die Verwendung des Reiswassers ist einfach. Den Prozess gehst du allerdings zweimal durch. Dieser sieht wie folgt aus:

Feuchte deine Haare vorher kurz an und übergieße dein Haar mit der ersten Portion Reiswasser. Massiere dein Haar und deine Kopfhaut gut durch und spüle die erste Runde Reiswasser wieder aus. Bei der zweiten Runde solltest du das Wasser etwas länger einwirken lassen (7-10min). Danach kannst du es wieder ausspülen und wie gewohnt stylen oder als Leave-In im Haar lassen. Probiere am besten beide Varianten aus.

Bis zu 10 Tage hält das Reiswasser im Kühlschrank. Zum Beispiel in einem Glas, einer Flasche oder einem anderen Behälter mit Deckel. Hast du mal eine größere Menge Reiswasser vorbereitet, kannst du es auch einfrieren.

Schneller Leave-In Conditioner und Refesher

Zugegeben: die folgenden Rezepte greifen nicht ganz auf natürliche Zutaten zurück. Der Refresher verhilft deinen Locken aber dazu, wieder zu einem frischen, gesunden Aussehen. Der Leave-In Conditioner verleiht deinem Lieblingsconditioner das Extra an pflegenden Inhaltsstoffen. Du kannst beide Produkte auf trockenem Haar aber auch auf feuchtem Haar anwenden, um die Locken mit Conditioner zu versorgen. Zutaten für den schnellen Refresher:

Wasser (destilliert)
Lieblingsconditioner (Leave-in oder Regular)

Nimm eine Sprühflasche, fülle diese zu 3/4 mit dem Wasser auf. Füge deinen Lieblingsconditioner hinzu (ungefähr 2-3 Esslöffel). Verschließe die Sprühflasche danach gut und schüttele sie bis sich Wasser und der Conditioner gut verteilen. Das Gemisch kannst du jetzt auf deine Haare sprühen, mit den Fingern verteilen oder durchkämmen. Mit diesem Refresher, hast du die Möglichkeit deine Haare einfacher zu entwirren und dem Haar Feuchtigkeit zu verleihen, wenn es nach dem Schlafen austrocknet ist.

Zutaten für den schneller Leave-In Conditioner:

Wasser (destilliert)
Olivenöl
Dein Lieblingsconditioner
Optional: Aloe Vera Gel, 1 Esslöffel Honig

Gib 200 ml Wasser in eine Sprühflasche und mische 2 Esslöffel Olivenöl und 2 Esslöffel des Conditioners hinzu. Schüttele die Flasche gut, damit sich die Zutaten gut vermischen. Gerne kannst du auch deine optionalen Zutaten hinzufügen. Die Mischung kannst du anschließend auf dein Haar sprühen und nit den Fingern oder einer Bürste einarbeiten. Bewahre deine Mischungen im Kühlschrank auf, um die Haltbarkeit zu verlängern.

NACHTROUTINE

Stell dir vor: Du hattest einen tollen Haar-Tag und dein morgendliches Styling hat sich voll und ganz gelohnt. Die Pflegeprodukte, die du verwendet hast, haben das erfüllt, was sie sollten und auch der Frizz blieb weit weg. Doch die große Frage, die sich jede Krauselocke schon mal nach so einem schier „perfekten" Haar-Tag gestellt hat, lautet: Und was mache ich jetzt nachts mit den Haaren? Was kann ich tun, damit meine Haare morgen und übermorgen genauso toll aussehen, ohne dass ich ein großartiges Styling anwenden muss!?

Zunächst ist es wichtig zu wissen, dass es nicht nur einen Weg gibt mit lockigen Haaren zu schlafen. Jedes Haar ist anders und braucht eine individuelle Methode, damit du morgens nicht mit zerzaustem Haar aufwachst. Es kommt hierbei hauptsächlich auf die Länge deiner Haare an, wie deine Locken sich zusammenfinden und ob du lieber mit nassen oder trockenen Haaren schläfst.

Unter den folgenden Anwendungen kannst du entscheiden, welche am besten zu dir passt. Dabei kannst du mehrere Methoden miteinander kombinieren, je nach Situation.

Ananas oder Dutt

Viele Krauslocken bevorzugen es mit einem lockeren Zopf zu schlafen. Knete mit deinen Fingern einen Leave-In Conditioner in dein leicht feuchtes Haar ein, bevor du dir mit einem etwas größeren Haargummi oder Satintuch einen hohen Zopf auf der Mitte deines Kopfes bindest (wie bei einer Ananas). Achte darauf, dass dein Zopf locker sitzt und nicht zu stramm gebunden ist, damit du deine Locken nicht versehentlich rausziehst und keine große Delle durch das Haargummi entsteht. Manch eine

Krauselocke bevorzugt anstatt eines lockeren Zopfes auch einen locker sitzenden Dutt, ebenso hoch auf dem Kopf. Entscheide selber, welche Methode wann am besten zu dir passt. Am nächsten Morgen kannst du nach dem Öffnen des Zopfes oder des Dutts deine Haare noch etwas mit deinen Fingern zurecht machen und dazu evtl. ein weiteres Haarstyling-Produkt verwenden oder sie nur anfeuchten.

Twists

Eine weitere Methode, um dein Haar vorm Schlafengehen für den nächsten Morgen vorzubereiten, ist das Twisten mit zwei Strähnen. Dies kannst du mit trocknem oder nassem Haar, jedoch wirken deine Locken etwas definierter, wenn du die Haare in feuchtem Zustand twistest. Diese Methode ist eine Möglichkeit deine Haare besser in Zaum zu halten ohne dass sie in der Nacht verknoten. Nehme dazu einen Teil deiner Haare, und teile diesen in zwei Strähnen. Drehe beide Strähnen ineinander, damit ein Twist entsteht. Fange an der Kopfhaut an und drehe sie bis zu den Spitzen ineinander. Je nach Haarmenge, kannst du mehrere Twists machen oder nur 2-4, ganz individuell.

Braids

Die Krauselocken am Abend zu flechten ist eine unserer Lieblingsmethoden. Hierbei flechten wir unser feuchtes, mit Conditioner behandeltes Haar meist zu sechs Zöpfen - jeweils drei auf der linken und drei auf der rechten Seite des Kopfes. Je nach Haarlänge kann das natürlich variieren. Je nach Haarlänge kann man sich auch nur einen großen Zopf flechten. Andere Krauselocken (die über mehr Fingerfertigkeit verfügen als wir) machen sich beispielsweise einen französischen Flechtzopf oder mehrere kleine geflochtene Zöpfe. Je lockerer du die Zöpfe flechtest, desto weniger *Manipulation* rufst du hervor. Das bedeutet, umso mehr erkennt man am nächsten Morgen deine natürliche Lockenstruktur. Je fester geflochten wird, umso mehr nimmt dein Haar die Struktur des

Geflochtenen an. Bei welligem Haar, wirken die Haare dadurch gelockter. Und bei ganz kleinen Locken werden diese gestreckt.

Satin oder Seide

Kissenbezüge aus ganz normaler Baumwolle entziehen deinem Haar Feuchtigkeit und können es trocken und strohig aussehen lassen. Um dieszu vermeiden, kannst du auf einem Seiden- oder Satinkissenbezug oder einer Haube mit Seidenfutter schlafen. Dein Haar gleitet somit nachts geschmeidiger über dein Kissen, ohne das Frizz entsteht. Du kannst natürlich auch einfach ein Seidentuch über dein Kissen legen, damit die Feuchtigkeit deines Haares nicht von der Baumwolle entzogen wird. Ebenso kannst du das Seidentuch wie ein Handtuch als Turban über deinen Kopf binden und so ins Bett gehen. Allerdings kann das spätestens im Hochsommer ganz schön heiß werden.

SPITZEN SELBSTSTÄNDIG SCHNEIDEN

Die Zeiten mögen sich in den vergangenen Jahren geändert haben - trotzdem ist es für uns Krauselocken nach wie vor nicht ganz leicht, einfach in den nächstbesten Frisörsalon zu spazieren, um uns einen Haarschnitt verpassen zu lassen. Längst nicht jede Krauselocke hat das Glück, einen Frisör in der Nähe zu haben, der sich mit unseren Haaren auskennt. Die meisten, herkömmlichen Frisörsalons schlagen uns die Tür vor der Nase zu, da sie den Umgang mit unseren Locken in ihrer Ausbildung nicht gelernt haben und sich deshalb nicht an Krauselocken heranwagen. Deshalb nehmen viele Lockenköpfe extra weite Strecken in Kauf, um einen geeigneten Frisör aufzusuchen. In diesem Buch haben wir auf eine ausführliche Auflistung von deutschen Frisörsalons verzichtet, die sich mit unseren Haaren auskennen. Der Grund dafür ist, dass immer wieder neue Läden aufmachen und wir die meisten von ihnen auch nicht auf ihre Qualität testen können. Bei ART OF HAIR BY SHERINA in Berlin hatten wir allerdings das Vergnügen, als glückliche Kundinnen willkommen geheißen zu werden und wir können Sherina Ogbomos Salon nur Wärmstens empfehlen. Weitere ausführliche Erfahrungsberichte und Tipps findest du

im Austausch mit anderen Krauselocken in unserer Facebook-Gruppe „KrauseLocke-Forum".

Wenn man neben den Kosten für den Frisörbesuch auch noch die Reisekosten mitberechnet, geht das nicht nur ins Portmonee, sondern ist auch ganz schön frustrierend. Hilfe zur Selbsthilfe ist daher hin und wieder angebracht. Manchmal ist ein Frisörbesuch zwar unumgänglich – oft müssen aber auch einfach nur die Spitzen gestutzt werden. Wie du dir da selber helfen kannst, versuchen wir dir hier zu erklären.

Wundermittel? Gibt es nicht!

Nimm doch mal die Spitzen deiner Haare in die Hand. Fühlen sie sich rau an, oder ist sogar sichtbar, wie das Haar sich in aufspaltet? Vielleicht siehst du auch poröse Stellen oder Knötchen und kommst beim Kämmen deiner Haare nicht richtig durch, bleibst immer wieder in den Spitzen hängen. Dann gibt es nur eine Lösung des Problems: Die Haare müssen ab, denn du hast Spliss und kaputte Spitzen.

Es gibt einige Produkte, die versprechen, geschädigte Haarspitzen zeitweise zu reparieren, indem sie die Haare umkleiden und versiegeln. Das mag eine Zeitlang sogar helfen. Sobald die Locken jedoch gewaschen oder gebürstet werden, kommen die brüchigen Spitzen wieder hervor. Das kann sich dauerhaft schädigend auf das ganze Haar auswirken. Daher müssen kaputten Spitzen abgeschnitten werden. Das ist nicht einfach zu verkraften, da gerade Krause- und Lockenköpfe häufig Probleme damit haben ihre Haare lang wachsen zu lassen. Aber während die Haare wachsen, werden sie automatisch dünner an den Enden. Die Spitzen sind der älteste Teil des Haars, brauchen besonders viel Pflege und hin und wieder müssen sie geschnitten werden. Tut man es nicht, kann es sein, dass der Spliss das gesamte Haar angreift.

Um deine Spitzen zu schneiden, solltest du das richtige Haarwerkzeug verwenden. Nutze keinesfalls eine Nagel- oder einfache Küchenschere. Erstens schneidest du so nur krumm und schief. Außerdem können diese

Scheren stumpf sein und zu mehr Spliss führen. Benutze am besten eine professionelle Haarschneideschere. Die erhältst du im Netz, im Frisörbedarf oder im Drogeriemarkt.

Search and Destroy – Spliss erkennen

Die sogenannte Search and Destroy-Methode ist die zeitaufwendigste Methode, um deine Spitzen eigenständig zu schneiden. Der Vorteil ist allerdings, dass du wirklich nur die Haare abschneidest, die auch kaputt sind. Für erfolgreiches Haareschneiden á la Search and Destroy brauchst du Geduld und Sorgfalt, denn du musst Haarsträhne für Haarsträhne scannen und die Spitzen nach Spliss und Knoten absuchen – am besten in guten Lichtverhältnissen und mit einem Spiegel. Du kannst dir auch Twists machen und so deine Haarspitzen untersuchen. Wie das funktioniert, erfährst du weiter unten.

Spitzen schneiden mit Braids und Twists

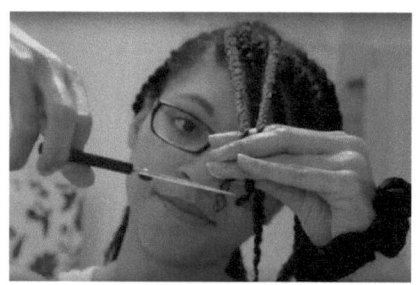 Wenn du keine Zeit für Search and Destroy hast, kannst du deine Haare auch zu dünnen Zöpfen (Braids) flechten und so die Spitzen schneiden – je dünner die Braids, desto besser klappt es mit den Schneiden. Die Braids dünnen an den Spitzen aus, wenn sie kaputt sind und genau an dieser Stelle kann man sie schneiden.

Auf YouTube haben wir ein Video für dich bereitgestellt, in dem Esther ihre Haarspitzen mit Twists schneidet. Du findest es bei YouTube und auf KrauseLocke.de unter dem Titel: *„Afrohaare: Spitzen schneiden mit Twists | KrauseLocke®"*.

Haare glätten und schneiden

Auch wenn viele herkömmliche Frisöre Angst vor unseren Krauselocken zu haben scheinen – im Grunde ist es nicht notwendig unsere Haare vor dem Schneiden zu glätten. Wenn du deine Haare allerdings generell lieber glatt trägst, ist es von Vorteil sie auch im glatten Zustand zu schneiden. Du schneidest dann wirklich auch nur so viel ab, wie du abschneiden möchtest. Achte allerdings darauf, dass regelmäßiges Glätten mit Hitze auf Dauer einen schädlichen Einfluss auf die Haare haben kann. Mehr zum Haareglätten erfährst du in unserem Kapitel zum schonenden Haareglätten.

Dusting

Dust ist das englische Wort für Staub. Bei der Dusting-Methode schneidest du also echt nur minimal deine Spitzen, sodass sie wir Staubflöckchen herabrieseln. Nimm hierfür eine Haarsträhne, streiche sie glatt (entweder mit den Fingern oder mit einer Bürste) und drehe sie anschließend zu einem Twist. Wenn sich die Spitzen rau und brüchig anfühlen, schneide genau über der kaputten Stelle ab. Öffne dann den Twist, drehe ihn in die andere Richtung und wiederhole, so gehst du sicher, dass du auch keine kaputten Haare vergessen hast. Wiederhole die Prozedur auf deinem gesamten Kopf.

Satin beugt Spliss vor

Auch Satin beugt Spliss vor. Anders als bei Baumwolle und Co. bleiben die Haare bei Satin nicht in den Fasern hängen. Unsere Krauselocken mögen zwar einen dicken, kräftigen Eindruck machen – sie sind aber sehr empfindlich und neigen sehr schnell dazu abzubrechen. Du solltest also nachts auf einem Satinkissen schlafen oder dir ein Satintuch um den Kopf wickeln.

Egal für welche Methode du dich entscheidest: nach dem Trimmen sind die Haare gesünder und fallen viel besser. Wenn du zu lange mit dem

Stutzen wartest, kann sich der Spliss nach oben fressen, das komplette Haar befallen. Du solltest dir also regelmäßig die Spitzen schneiden oder schneiden lassen. Die Spitzen schneidest du (oder der Frisör) dir wann immer es nötig ist. Bei einigen Krauselocken sind es alle 6 Wochen, 3 Monate oder eben nach 6 Monaten – je nachdem wie du die Haare trägst und welchen Einflüssen sie ausgesetzt sind.

KRAUSELOCKEN IM WINTER

Der Winter kann in unseren Breitengraden ganz schön kalt werden. Das missfällt nicht nur uns, auch unsere Haare mögen das gar nicht. Mit ein paar Tricks überstehen sie jedoch selbst den tiefsten Winter ohne Probleme.

Haarbruch vorbeugen - KrauseMützen

Natürlich braucht man bei der Eiseskälte auch einen warmen Kopf. Leider sind herkömmliche Baumwollmützen nichts für unsere Krauselocken. Baumwolle entzieht den Haaren Feuchtigkeit. Das Resultat sind brüchige Spitzen und Haare so trocken wie Stroh. Baumwollmützen sind allerdings schick und halten warm, da möchte man natürlich nicht drauf verzichten. Damit unsere Haare trotzdem gut geschützt sind und wir nicht frieren, haben wir vor ein paar Jahren die KrauseMützen kreiert. KrauseMützen sind mit Satin gefüttert und somit perfekt auf die Bedürfnisse von krausem und lockigem Haar abgestimmt. Dieses spezielle Innenfutter birgt den Vorteil, dass die Haare sich nicht in den Textilfasern verfangen. Egal, welche Frisur du trägst – die KrauseMütze sitzt auch noch, wenn du die Mütze wieder abnimmst. KrauseMützen schützen das Haar vor Regen und Schnee, sind dabei äußerst atmungsaktiv und der Clou ist: Sie sind 100% handgemacht und auf die individuellen Wünsche

der Trägerin oder des Trägers abgestimmt. Jede Mütze ist ein Unikat. Weitere Infos zu den KrauseMützen findest du auf unserer Webseite www.krauselocke.de. Kontaktiere uns unter info@krauselocke.de, wenn du dich für unsere Mützen interessierst.

Wenn du dir keine KrauseMütze kaufen möchtest, kannst du unter deiner herkömmlichen Mütze auch ein Satin oder Seidentuch tragen. Das bindest du dir einfach vorher um den Kopf und er ist perfekt geschützt – vor der Kälte und vor der Wolle.

Tiefenkur

Ob Zuhause oder im Büro - Heizungsluft sorgt im Winter dazu, dass die Haare schneller austrocknen. Um dem vorzubeugen solltest du öfter dein Haar öfter mit intensiven, feuchtigkeitsspendenden Haarkuren verwöhnen – und das mindestens einmal in der Woche.

Haare seltener anfeuchten

Auch wenn du im Frühling oder Sommer öfter mal mit nassen oder angefeuchteten Haaren das Haus verlässt, solltest du das im Winternatürlich nicht tun. Nicht nur, weil du Gefahr läufst dich dabei schwer zu erkälten, sondern auch weil die Haare frieren und brechen könnten. Wo du im Sommer Styles anwendest, bei denen du deine Haare vorher anfeuchtest, versuche im Winter bestmöglich darauf zu verzichten und gehe wirklich nur nach draußen, wenn deine Haare vollständig trocken sind. Außerdem muss unser Haar im Winter viel seltener mit Shampoo gewaschen werden. Einmal in der Woche Shampoo und Conditioner reichen völlig aus, wenn du nicht gerade täglich Sport treibst.

Föhn und Glätteisen selten bis gar nicht nutzen

Wie bereits erwähnt saugt Heizungsluft förmlich die Feuchtigkeit aus unseren Haaren heraus. Glätteisen, Lockenstäbe oder Föhns verstärken den austrocknenden Effekt noch. Auch wenn es länger dauert als im

Sommer: Lasse deine Haare möglichst Lufttrocknen oder greife auf Lockenwickler zurück, die du auch komplett ohne Föhn trocknen lassen kanns. Ab und zu Föhnen oder Glätten ist in Ordnung, du solltest es aber vor allem im Winter nicht zu oft machen.

Protective Styles

Protective Styles schützen deine Haare auch im Winter optimal vor Schnee, Kälte und allem was zum Winter dazu gehört. Die Haare brechen nicht und haben auch im Winter die Chance gesund zu wachsen. Im Netz findest du zahlreiche Tipps und Anleitungen für tolle Protective Styles.

Strohige Haare vorbeugen

Dass unsere Haare vor allem im Winter schnell austrocknen, hat mit der Luftfeuchtigkeit zu tun, die im Winter geringer ist als im Sommer. Kalte Luft kann weniger Feuchtigkeit aufnehmen als warme Luft. Und trockene Luft saugt Feuchtigkeit aus den Haaren. Aber auch in den Räumen ist die Luft trockener. Die Heizung verstärkt den Effekt in geschlossenen Räumen. Um strohiges Haar vorzubeugen, kannst du eine oder mehrere Schalen Wasser auf die Heizung stellen. Dieses verdampft und der Wasserdampf verteilt sich in der Luft, die jetzt die Haare nicht mehr so stark austrocknet. Außerdem hilft es, die Haare tagsüber möglichst wenig im offenen Zustand zu tragen und auf schützende Styles wie Zöpfe oder einen Dutt zurückzugreifen.

Die Kopfhaut einölen

Auch die Kopfhaut trocknet bei kalten Temperaturen und trockener Heizungsluft aus. Es ist daher wichtig, die Kopfhaut regelmäßig einzuölen. Massiere hierfür ein Öl deiner Wahl in die Kopfhaut ein, um Trockenheit, jucken und Schuppen vorzubeugen. Es muss wirklich nicht viel Öl verwendet werden. Außerdem reicht das Einölen alle paar Tage und muss nicht täglich vollzogen werden.

KRAUSELOCKEN IM SOMMER

Wir wissen ja nicht wie es dir geht, aber wir lieben den Sommer! Es ist warm, hell und auf den Straßen tobt das Leben. Bei all den Glücksgefühlen sollten wir trotzdem darauf achten, dass unsere Locken nicht zu kurz kommen. In der warmen Jahreszeit brauchen Krauselocken eine spezielle Pflege, um gesund und geschmeidig zu bleiben.

Das Haar mit Feuchtigkeit versorgen

Diese Devise gilt zwar so gut wie immer - im Sommer allerdings umso mehr. Die starke Sonneneinstrahlung kann die Haare im Sommer schnell austrocknen, sofern du dem nicht entgegenwirkst. Das bedeutet nicht nur das Anwenden regelmäßiger Feuchtigkeitskuren. Du kannst dein Haar auch im Alltag immer wieder mit Wasser oder anderen Pflegeprodukten besprühen (Tipps findest du unter anderem in unserem Kapitel zu Rezepten).

Krauselocken im Schwimmbad

Bei der zunehmenden Hitze im Sommer, wollen wir uns natürlich gern abkühlen. Viele von uns besuchen dafür das Freibad. Allerdings trocknet das im Wasser enthaltene Chlor die Haare erheblich aus. Um dies zu verhindern, kannst du dein Haar vorher unter der Dusche mit nicht chlorhaltigem Wasser komplett befeuchten. Ist das Haar bereits feucht, fällt es dem Chlor schwerer ins Haar einzudringen. Feuchtes, zusätzlich mit Conditioner oder Öl behandeltes Haar schützt doppelt gegen Chlor, aber auch gegen die schädlichen Auswirkungen von Salzwasser im Meer. Mach dir keine Sorgen darüber, dass produktrückstände ins Wasser gelangen. Das tun die Sonnenschutzcremes und Bräunungsverstärker-Öle der anderen Schwimmbadbesucher auch und das Chlor oder Salz im Wasser wirkt desinfizierend. Zusätzlich kannst du deine Haare in Zöpfen, einem hohen Dutt oder anderen Protective Styles tragen, wenn du ins Wasser gehst. Nach dem Schwimmen solltest du dein Haar trotzdem gründlich waschen oder Co-waschen. Auch eine Spülung mit Apfelessig kann helfen, um den PH-Wert des Haars zu normalisieren.

DIY: Schutz vor der Sonne

Schutz vor der Sonne bieten auch Tücher, die du dir um den Kopf wickeln kannst oder Haarpflegeprodukte, die Sonnenschutz enthalten. Besonders selbst hergestellte Haarpflege Produkte sind hier zu empfehlen. Zum Beispiel eine Mixtur aus Kokosöl und Limette. Die Inhaltsstoffe des Kokosöls halten das Haar geschmeidig und versorgen es mit Feuchtigkeit. Das wirks Haarbruch entgegen. Außerdem versiegelt Kokosöl die Haaroberfläche und beugt somit Hitzeschäden vor. Das in der Limette enthaltene Vitamin C schützt das Haar zusätzlich vor Sonneneinstrahlung und stimuliert das Haarwachstum. Vermische einfach:

1 Esslöffel Kokosöl
1/2 Tasse Wasser
1 Schuss Limettensaft

Damit sich das Kokosöl gut mit dem Wasser und dem Limettensaft vermischt, erwärme das Öl zuvor für ein paar Sekunden in der Mikrowelle. Anschließend mischst du die Zutaten zusammen und trägst sie auf dein Haar auf.

Eine Alternative für einen natürlichen Sonnenschutz ist eine Mischung aus Aloe Vera, Meersalz, Kokosöl und Honig.

Vermische für diesen natürlichen Feuchtigkeitsspender einfach folgende Zutaten und trage die Mixtur auf dein angefeuchtetes Haar auf:

Circa 250 Milliliter Wasser
1 Esslöffel Aloe Vera-Saft
1 Teelöffel Meersalz
1 Teelöffel Kokosöl
1 Esslöffel Honig

Die in der Aloe Vera enthaltenen Enzyme, helfen nicht nur dabei beschädigte Hautzellen zu reparieren. Sie sorgen auch für eine Tiefenfeuchtigkeitspflege der Locken. Meersalz wirkt desinfizierend, verhindert die Entwicklung von Pilzen und fördert die Durchblutung der Kopfhaut. Honig erweist sich als natürlicher Feuchtigkeitsspender und liefert wichtige Nährstoffe, die Haarbruch vorbeugen.

HAARE SCHONEND GLÄTTEN

 Manchmal will man genau das haben, was man nicht hat. In Bezug auf unsere krauselockigen Haare bedeutet dies die Sehnsucht danach, auch mal glattes Haar auf dem Kopf zu spüren. Hierfür gibt es diverse Methoden, die wir nicht alle in diesem Buch vorstellen, da es in erster Linie um die Pflege des Haars im natürlichen Zustand gehen soll. Trotzdem wollen wir mit der Silk-Press-Methode zumindest eine Methode vorstellen, mit der man das Haare glätten kann, ohne dabei einen Relaxer benutzen zu müssen. Lockige Haare können mit dieser Methode sehr glatt aussehen und fallen und bewegen sich durch die Methode natürlicher als relaxtes Haar, welches teilweise fettiger, statischer und unbeweglicher fällt.

Was bedeutet Silk-Press?

Silk steht für „geschmeidig, glänzend, seidig" (dies entsteht durch geeignete Produkte) und Press steht für die Benutzung eines Glätteisens.

Die Silk Press Methode, soll dir dementsprechend als Alternative zum Relaxer dienen. Trotzdem solltest du wissen, dass das regelmäßige Glätten mit einem Glätteisen auf Dauer auch nicht das Beste für dein Haar ist. So ein Glätteisen kann über 200 Grad heiß werden und zu hoch eingestellte Hitze kann das Haar schädigen und so ein Eisen sollte nicht täglich angewendet werden. Die gute Nachricht ist aber, wenn du die Silk-Press-Methode richtig anwendest, kann diese für 2 Wochen halten. Sobald dein Haar allerdings mit Feuchtigkeit in Verbindung kommt, entsteht wieder deine natürliche Haarstruktur, sodass du dir keine Sorgen machen musst, dauerhaft glattes Haar zu haben.

Bei einem Silk Press ist die Vorbereitung vor der Nutzung des Glätteisens das A und O. Nur durch die Vorarbeit entsteht der geschmeidige, seidige und glänzende Effekt.

Diana: ich bin sehr experimentierfreudig und habe gute Erfahrungen mit der Silk-Press-Methode gemacht. Das Gute an der Methode ist, dass du immer wieder deine natürliche Haarstruktur zurückhaben kannst und dir somit nicht immer wieder eine erneute Transition bevorsteht.

Wie gelingt mir ein Silk Press?

Starte zunächst mit frischgesäubertem Haar. Um das Silk Press korrekt durchzuführen, musst du zunächst all den Schmutz und auch Öl von deinem Haar befreien. Wähle dazu ein Shampoo, welches dein Haar und deine Kopfhaut vollkommen säubert, um somit eine gute Grundlage für die Methode zu schaffen.

Baue anschließend Feuchtigkeit auf. Wähle nach dem Waschen einen Conditioner, der deinem Haar viel Feuchtigkeit spendet. Lass diesen für ein paar Minuten einwirken. Gerne kannst du auch eine Haarkur verwenden, die darauf bedacht ist, Feuchtigkeit zu verleihen. Nachdem du den Conditioner oder die Kur ausgewaschen hast, brauchst du nun einen auf Feuchtigkeit basierten Leave-In-Conditioner, welchen du im ganzen Haar gleichmäßig verteilst und auch drinnen lässt. Kämme dein Haar anschließend mit den Fingern oder einem grobzinkingen Kamm durch.

Blowout

Es ist von großer Bedeutung einen Hitzeschutz zu verwenden, bevor du irgendeine Art von Hitze (Glätteisen, heißer Föhn, etc.) für dein Haar benutzen möchtest. Hitzeschutzprodukte haben wichtige Inhaltsstoffe (z.B. Keratin), die sich schützend um das Haar legen, um die Hitze abzufedern. Du findest sie im Frisörbedarf, aber auch in Drogeriemärkten oder im Netz. Verteile den Hitzeschutz auf dein komplettes Haar.

Anschließend ist ein Föhnen deiner Haare angesagt und zwar solange bis das Haar ungefähr 60% trocken sind. Damit verhinderst du, dass der Föhn nicht allzu lange eine einzelne Strähne überhitzt. Wenn du das Gefühl hast, deine Haare sind leicht angetrocknet, beginnt das Glattföhnen. Hierzu teilst du zunächst dein Deckhaar nach oben ab und beginnst damit, die untere Haarpartie zu föhnen – vom Ansatz bis in die Spitzen. Setze hierfür eine Bürste (Denman oder Naturbürste) nah an der Kopfhaut an und lege eine kleine Haarsträhne in die Bürste. Mit der Bürste kannst du jetzt die Haarsträhne während des Föhnens glattziehen. Bürste und Föhn liegen sich hiergegenüber und arbeiten synchron miteinander. Der Föhn sollte mindestens 5 cm von der Haarsträhne entfernt sein. Je lockiger dein Haar ist, umso heißer kannst du die Hitzestufe des Föhns einstellen. Wiederhole diesen Vorgang, bis das Haar semi-glatt ist. Ist die untere Haarschicht vollständig trocken, wiederholst du die Prozedur beim Deckhaar.

Wenn deine Haare vollständig trocken und die Locken herausgezogen sind, kommt das Glätteisen ins Spiel. Der beste und erfolgreichste Weg deine Haare zu glätten, ohne sie durch die Hitze zu beschädigen ist es, ein gutes Glätteisen zu finden, welches die Fähigkeit hat, dein Haar mit einem oder zwei Zügen zu glätten. Je öfter du mit einem Glätteisen über eine Strähne fahren musst, umso mehr wird das Haar der Hitze ausgesetzt. Beim Kauf eines Glätteisens solltest zu zum Beispiel auf die passende Beschichtung achten und Eisen mit Keramikbeschichtung denen aus Metall vorzuziehen. Eine zu raue Beschichtung kann das Haar beschädigen. Metallplatten können dafür sorgen, dass das Haar spröde wird. Eine glatte Keramikoberfläche verteilt die Hitze gleichmäßig. Außerdem gibt es Glätteisen mit sogenannter Ionentechnologie, die besonders haarschonend glätten. Spare also an dieser Stelle nicht am passenden Haarwerkzeug, sondern informiere dich, welche Glätteisen empfehlenswert sind (zum Beispiel im KrauseLocke-Forum auf Facebook).

Hast du ein passendes Eisen gefunden, teile dein Haar wieder in 2- 4 Partien auf und fange am Unterkopf mit dem Glätten an. Hierbei glättest du sehr kleine Strähnen und zwar Strähne für Strähne, bis du dein komplettes Haar geglättet hast. Dies kann lange dauern und in die Arme gehen. Vielleicht suchst du dir auch jemanden, der dir dabei hilft.

Damit du nach der Mühe auch lange etwas von den glatten Haaren hast, ist es von großer Bedeutung deine Haare nachts entweder in ein Seiden- oder Satintuch zu wickeln oder eine Seidenhaube zu tragen. Du kannst auch einen strammen Dutt auf der Scheitelmitte des Kopfes tragen. Nach 2-3 Wochen empfehlen wir dir deine Haare und deine Kopfhaut zu waschen und eine Haarkur zu verwenden, um dein Haar vor Folgeschäden zu schützen.

Locken glätten mit Keratin

Eine weitere Methode zur Haarglättung ist das Glätten mit Keratin. Eine sogenannten Keratin-Behandlung wird bei vielen Lockenköpfen als die "Wundermethode" bezeichnet, mit deren Hilfe sich glattes, glänzendes Haar zaubern lässt.

Keratin ist ein Protein, das den Hauptbestandteil unserer Haare ausmacht. Bei einer Keratin-Behandlung wird dieses Protein in Form von Cremes auf das Haar aufgetragen. Der Wirkstoff des Keratins, der für eine Haarbehandlung benutzt wird, wird zum Beispiel aus Schafswolle gewonnen. Dieser dringt in die obere Schuppenschicht des Haars ein und umhüllt es. Daraufhin werden die Haare glatt geföhnt und mit einem Glätteisen geglättet. Die durch die Hitze entstehenden Schwefelbrücken sorgen dafür, dass das Haar geglättet wird. Das Keratin fixiert die neue Form, sodass die Haare dauerhaft glatt bleiben.

Doch genauso wie die meisten chemischen Schönheitsbehandlungen, kommen auch einige Keratin-Behandlungen nicht ohne Nebenwirkungen aus. Ebenso ist diese Behandlung nicht für jeden Haartypen oder jede Haartextur geeignet. In diesem Kapitel klären wir Einzelheiten, die du unbedingt wissen solltest, bevor du dich für eine Keratin-Behandlung entscheidest.

Brazilian Blowout und Formaldehyd

Eine bekannte und traditionelle Keratin-Behandlung wäre zum Beispiel das Brazilian Blowout. Dieses verspricht glatte geschmeidige Haare, ohne dass du ständig ein Glätteisen verwenden musst. Brazilian Blowout ermöglicht eine hundertprozentige Glättung der Haare, welche nach der Anwendung zwei bis drei Monate hält und sich nur sehr langsam und allmählich herauswäscht. Für die eine oder andere Krauselocke klingt dies sehr verlockend. Diese Haarglättungsmehode ist aber nicht ganz ohne!

Nach einer gewissen Zeit wächst auch der natürliche Haaransatz nach und die Anwendung muss für das nachgewachsenen Haar wiederholt werden, wenn man nicht zwei unterschiedliche Strukturen auf dem Kopf tragen möchte. Einerseits ist es wie ein Teufelskreis, da das Haar ähnlich wie bei einer chemischen Glättung mit einem Relaxer, nicht mehr richtig in seine ursprüngliche Struktur zurückfinden kann. Wenn du allerdings deine natürlichen Locken wiederhaben möchtest, hilft nur noch den Ansatz raus wachsen zu lassen. Leider dadurch entstehen zwei unterschiedliche Haarstrukturen auf dem Kopf.

Die Inhaltsstoffe der meisten Brazilian Blowout-Produkte sind bedenklich, denn sie enthalten chemische Stoffe, die als gesundheitsgefährdend eingestuft werden. Eines dieser Stoffe ist Formaldehyd. Nach dem Auftragen der Mischung, muss das Haar mit einem heißen Glätteisen geglättet werden. Hierbei entstehen Gase, die den Formaldehyd-Gehalt freisetzen, erst dieser Prozess bewirkt, dass das Haar seidig glatt wird. Allerdings kann genau dies zu Atemwegs-, Augen-, und sogar Hautreizungen führen. Außerdem gilt Formaldehyd als hochgradig krebserregend.

Schonende Keratin-Behandlungen

Gesundheitlich unbedenkliche Alternativen sind mildere Keratin-Behandlungen. Bei einer schonenden Keratin-Behandlung werden Produkte und Tinkturen verwendet, die kein Formaldehyd oder Ammoniak enthalten. Die Glättungs-Cremes basieren stattdessen auf natürlichen Inhaltsstoffen, hauptsächlich aus Keratin und sind dementsprechend gesundheitlich ungefährlich. Des Weiteren sind schonende Methoden flexibel, weil man den Glättungseffekt selber bestimmen kann. Die Haare können entweder nur glatt geföhnt werden oder, je nach Wunsch, mit dem Glätteisen geglättet werden.

Ist jedes Haar für eine Keratin-Behandlung geeignet?

Gesundes Haar ist für die Anwendung am besten geeignet. Dabei ist es egal ob das Haar fein, dick, stark gelockt oder coloriert ist. Wichtig ist, dass ein geeigneter Friseur das Haar vor der Behandlung einschätzt und gegebenenfalls mit Kuren vorbereitet. Trotzdem ist zu erwähnen, dass bei der Anwendung viel mit Föhn, Glätteisen und demnach mit hohen Temperaturen gearbeitet wird und dies das Haar natürlich auch strapazieren kann.

Eine Keratin-Behandlung hält ca. 3-6 Monate und kann danach wiederholt werden. Die Glättung kann man aber auch raus wachsen lassen. Da sich das Keratin nach und nach herauswäscht, entsteht ein fließender Übergang des Ansatzes und deiner Locken, die sich nach einer gewissen Zeit wieder in ihre natürliche Form zurückfinden.

Kurzer Überblick des Ablaufs einer Keratin-Behandlung

1. Die Haare werden gewaschen und von restlichen Pflegeprodukten befreit.

2. Auf die noch feuchten Haare wird die Keratin-Tinktur aufgetragen und das Haar wird daraufhin durchgekämmt.

3. Nach einer zirka 10-minütigen Einwirkzeit werden die Haare trockengeföhnt und anschließend Strähne für Strähne mit dem Glätteisen geglättet oder nur geföhnt.

4. Nach dem Glätten werden die Haare nochmals ausgewaschen und mit einer Haarmaske behandelt.

5. Nach zirka 10 bis 15 Minuten wird die Maske ausgewaschen und erneut trockengeföhnt und geglättet. Die jetzige Glättung besiegelt das Keratin in das Haar ein.

Je nach Haarstruktur und Haarlänge kann eine Keratin- Behandlung 2-4 Stunden dauern. Generell gilt, dass ein Brazialian Blowout deine Haare längerfristig glattgebügelt aussehen lässt, aber aufgrund der Inhaltsstoffe mit gesundheitlichen Risiken verbunden ist. Die Inhaltsstoffe sollten daher immer überprüft werden. Eine sanftere Keratin-Behandlung mit hauptsächlich natürlichen Inhaltstoffen ist geeignet, wenn das Haar weniger Frizz haben soll und keine dauerhafte Glättung gewünscht ist.

Diese Behandlung sollte allerdings am besten von einem geeigneten Friseur durchgeführt werden. Dieser schaut sich deinen Haarzustand genau an und kann dementsprechend die passende Anwendung durchführen.

NATÜRLICHE PFLEGE GEGEN SCHUPPEN UND FETTIGE KOPFHAUT

Viele von uns sehen sich mit einem lästigen Problem konfrontiert: sichtbare Schuppen, abgestorbene Hautzellen, die größer sind als sie sein sollten.

Wie entstehen Schuppen?

Jeder Mensch, ob jung oder alt, verliert andauernd kleine einzelne Hornzellen, die vom Körper nicht mehr gebraucht werden und somit dem Wuchs neuer Hornzellen den Platz frei geben. Das Faszinierende dabei ist, dass wir um die 40.000 Hautschuppen pro Minute verlieren.

Diese Hornzellen reifen ganze vier Wochen lang, daraufhin sterben sie ab, schützen unsere Hautbarriere zunächst und lösen sich dann nach und nach ab. Sobald sie sich aber auf unserer Kleidung bemerkbar machen, fühlen wir uns direkt peinlich berührt, obwohl abgestorbene Hautschuppen etwas ganz Normales sind. Nur manchmal hat der Hornzellen-Nachschub es etwas zu eilig. Denn bei Ekzemen oder Schuppenflechte „beträgt die Reisezeit der Zellen durch die Epidermis nur etwa fünf Tage anstatt vier Wochen. Wenn wir Schuppen also sehen können, haben wir es immer mit einem halbwegs krankhaften Zustand zu tun, der sich entweder irgendwann selbst reguliert oder den der Arzt richten muss."[18]

Besonders im Winter haben viele von uns trockene Schuppen. Die trockenen, weißen Schuppen entstehen hauptsächlich durch trockene Kopfhaut, Heizungsluft im Winter, Shampoos, Föhnen und Glätten mit oder auch bei starker Hitze im Sommer. Diese flockigen Schuppen regenerieren sich meistens im Frühling oder durchs Umstellen der Pflegemittel von selber. Dann gibt es aber noch die fettigen Schuppen, welche durch eine erhöhte Talgproduktion entstehen. Sie sehen im

---

[18] Vergleich: Adler, Dr. med. Yael. 2016. „Haut nah"

Gegensatz zu den trockenen Schuppen gelblich aus und sind zudem meist größer und fühlen sich ölig an. „Da sie zudem klebrig sind, werden sie nicht so schnell abgeschilfert wie die trockenen Schuppen. Dies begünstigt das Wachstum des Hefepilzes Malassezia furfur. Er gehört zwar zur normalen Hautflora, übt aber in diesem Fall eine negative Wirkung aus: Die leicht entzündete Kopfhaut fördert die Entstehung von fettigen Kopfschuppen."[19]

Neben einer zinkhaltigen Ernährung, genug Schlaf und dem nicht zu heißen Waschen der Haare, können folgende Mittel helfen, Schuppen in den Griff zu bekommen.

Mildes Shampoo

Milde Shampoos (zum Beispiel mit Huflattich oder Zitronenmelisse) aus der Apotheke können helfen. Diese Produkte mit Heilkräutern wirken gleichzeitig beruhigend und entzündungshemmend. Auch eine Behandlung mit Weidenteershampoo soll besonders bei gereizter oder entzündeter Kopfhaut Wunder gewirkt haben.

Ölkur über Nacht

Für die Ölkur eignen sich Olivenöl oder Teebaumöl sehr gut. Man kann das Öl auch dem Shampoo hinzufügen. Besonders Teebaumöl sollte durch seine stark antiseptische Kraft zunächst sparsam angewendet werden. Mithilfe einer Pipette kannst du das Öl wahlweise auf Haare oder Kopfhaut geben und wenn möglich über Nacht oder einige Stunden einwirken lassen. Anschließend ausspülen.

Schwarzteespülung

Koche dir schwarzen Tee auf, lasse ihn abkühlen und gebe ihn in eine Sprühflasche. Anschließend kannst du die Kopfhaut mit dem Tee einsprühen. Die Spülung lässt du mindestens 15 Minuten einwirken bevor

---

[19] netdoktor.de/symptome/schuppen/

du sie wieder ausspülst. Achtung: Schwarztee kann die Haare austrocknen. Je nach Bedarf solltest daher nach der Anwendung für Feuchtigkeit sorgen, zum Beispiel durch eine Feuchtigkeitskur.

Apfelessig-Spülung

Für diese Spülung kannst du Apfelessig und Wasser im Verhältnis 1 zu 2 mischen und in eine Sprühflasche geben. Das Gemisch sanft in die Kopfhaut einmassieren und nach einer Einwirkzeit von circa 15 Minuten ausspülen.

Wenn sich die Kopfschuppen nicht mit einem geeigneten Schuppen-Shampoo oder den besagten Tipps beseitigen lassen, wäre es möglich, dass eine Erkrankung der Haut dahinterstecken könnte. In folgenden Fällen solltest du einen Hautarzt (Dermatologen) aufsuchen. Vor allem, wenn die Schuppenbildung länger als einen Monat besteht und immer wiederkehrt, bei starkem Juckreiz, Rötungen, Schwellungen, Entzündungen und Brennen auf der Kopfhaut, bei Haarausfall oder nässenden verkrusteten Stellen. Apfelessig-Spülungen sind auch gut bei fettiger Kopfhaut anzuwenden, denn sie gleichen auch hier den natürlichen PH-Wert aus.

Fettige Kopfhaut pflegen

Die meisten Krauselocken leiden eher unter trockener Kopfhaut und dementsprechend trockenen Haaren und müssen entsprechend mit Ölen und Feuchtigkeitskuren entgegenarbeiten. Allerdings gibt es auch Krauselocken mit eher fettiger Kopfhaut, die mit öligen Produkten nicht gut zurechtkommen oder dies zumindest annehmen. Allerdings können ätherische und natürliche Öle ohne jegliche Zusatzstoffe dabei helfen, eine fettige Kopfhaut vorzubeugen und sollten auch bei fettiger Kopfhaut bei der Haarroutine nicht fehlen. Du solltest allerdings darauf achten nur sehr wenig Öl zu verwenden und es gegebenenfalls mit Wasser zu verdünnen. Die Anwendung mit Öl kann einmal alle zwei Wochen erfolgen. Rosmarin- Zitronen- oder Lavendelöl wirken antibakteriell und eignen sich daher besonders zur Behandlung fettiger Kopfhaut, da das überschüssige Fett auf dem Kopf durch Bakterien entstehen kann.

Anders als bei trockenen Krauselocken, kannst du dir die Haare häufiger waschen, um das überschüssige Fett auf dem Kopf zu mindern. Dabei sollten Shampoos und Cleanser vermieden werden, denen Öle oder Silikone zugefügt sind, da diese als Inhaltsstoffe eine fettige Kopfhaut begünstigen. Produkte mit Extrakten aus Zitrusfrüchten eignen sich für die Wäsche fettiger Haare besonders gut, da sie überschüssige Öle ausgleichen. Außerdem sollte das Shampoo wirklich gründlich ausgespült werden, sodass keine verklebenden Rückstände im Haar verbleiben. Wenn auf einen Leave-In zurückgegriffen wird, dann sollte dieser besonders leicht und keinesfalls eine schwere, fettige Konsistenz haben.

HENNA ALS NATÜRLICHES FÄRBEMITTEL

Wir müssen zugeben: in unserem Leben haben wir uns schon oft die Haare gefärbt. Rot, Blond, Braun, Orange. Alles war vertreten und wir haben viel mit unserer Haarfarbe experimentiert. Eines steht allerdings fest: Das Färben ist nicht gerade gesund für die Haare und sollte eigentlich nur von einem Profi angewendet werden. Da wir keine Profis sind, möchten wir an dieser Stelle daher auf Tipps zum Haarefärben verzichten. Allerdings gibt es Alternativen zum chemischen Haarefärben: zum Beispiel durch Henna. Mit Henna haben wir erst wenig Erfahrung gesammelt, können dir aber Folgendes dazu sagen:

Henna ist eine Pflanzenfarbe mit der du deine Haare natürlich färben kannst und die zumeist in Nordafrika, Indien und im Nahen Osten als traditionelles Färbemittel für Haut und Haar verwendet wird. Es wird aus dem Hennastrauch gewonnen. Die Farbe, also das Hennapulver wird aus den Blättern der Pflanze entnommen. Das Hennapulver selbst färbt nicht, erst nach Zugabe von Wasser oder anderen Flüssigkeiten entwickelt das Pulver seine Farbkraft. Kleine Farbspritzer im Bad sind also ganz leicht wieder zu entfernen im Gegensatz zu den meisten chemischen Haarfarben. Henna ist ein Bioprodukt, sofern es unbehandelt ist. Mittlerweile wird es nämlich in unterschiedlichen Farbtönen verkauft, zum Beispiel in dunkelrot, schwarz oder sogar blond. Hier sind dann allerdings zusätzliche Färbemittel beigefügt, die sich auch in herkömmlichen Haarfarben finden lassen. Will man also die Haare nicht intensiv färben, und von den natürlichen Vorteilen von Henna profitieren, empfiehlt es sich Naturhenna zu nehmen. Jenes ist problemlos für das leichte Färben der Haare geeignet und darüber hinaus vegan, hautfreundlich und gesund. So stellt Henna eine gesunde Alternative zu den herkömmlichen chemischen Haarfarben und Tönungen dar, die es auf dem Markt zu kaufen gibt. Um deine Haare mit Henna zu färben benötigst du neben Hennapulver folgende Utensilien:

Heißes Wasser
Rührschüssel aus Kunststoff oder Glas

Plastiklöffel oder Spatel
Plastik- oder Latexhandschuhe
Duschhaube oder Plastikfolie
Ein altes Handtuch
Oliven- oder Jojobaöl

Vor der Anwendung solltest du dein Haar mindestens 12 Stunden vorher nicht gewaschen haben. Außerdem kannst du vorab ein wenig Öl (Oliven- oder Jojobaöl) in die Haare einmassieren, um sie vor Trockenheit zu schützen.

Die meisten Hennaprodukte haben Mischanweisungen beigefügt, an die du dich bei der Mischung des Hennas halten solltest. Trage die Hennapaste anschließend auf die Haare auf. Teile dafür dein Haar in verschiedene Abschnitte ab und fange bei der Haarwurzel an. Arbeite dich dann bis zu den Haarspitzen hinunter. Sobald du das Henna für die gewünschte Zeit einwirken gelassen hast, spüle es unter der Dusche mit warmem Wasser aus und fahre mit den Fingern vorsichtig durch die Haare, um so viel Henna wie möglich herauszuwaschen. Verzichte möglichst auf das Verwenden von Shampoo, weil dies dafür sorgen kann, dass das Haar austrocknet. Das Farbergebnis wird sich vielleicht nicht sonderlich von deiner Naturhaarfarbe unterscheiden und kommt erst nach Trocknen der Haare zur Geltung. Die Haare werden nach der Anwendung mehr glänzen und wahrscheinlich einen ganz leichten, dunklen Rotstich aufweisen.

KINDERHAARPFLEGE LEICHT GEMACHT

Vor allem für Eltern von krauselockigen Kindern kann die Lockenpflege eine Herausforderung sein. Aber mit ein wenig Übung bekommt jedes Elternteil den richtigen Umgang mit den Haaren des eigenen Kindes hin.

Als Elternteil solltest du darauf achten, deinem Kind spielerisch beizubringen, seine Haare voll und ganz zu lieben. Wir erinnern uns noch an Frisörbesuche aus unserer Kindheit zurück. Meistens wusste keiner wie unser Haar zu „bändigen" ist und dementsprechend entwickelte sich eine gewisse Abneigung unserem eigenen Haar gegenüber. Das Haarepflegen wurde als notwendiges Übel angesehen, das man möglichst schnell hinter sich bringen wollte. Um diese traumatische Ansicht bei deinem eigenen Kind zu vermeiden, ist es von großer Bedeutung, dass du stets positiv über das Haar deines Kindes sprichst, auch wenn dir der Umgang damit noch schwerfällt und Knoten dir den letzten Nerv rauben. Denn eines steht fest: Dein Kind kann nichts für seine Haarstruktur.

Um ein positives Gefühl zu stärken, kannst du die Haarpflege als schönes, gemeinsames Ritual gestalten. Vielleicht spielt ihr gemeinsam Frisörsalon oder ihr schaut euch während des Stylens der Haare gemeinsam einen Film an. Versuche auch, dein Kind in die Haarroutine miteinzubeziehen. Indem dein Kind den Moisturizer oder den Conditioner selber ins Haar massiert oder zum Schlafengehen das Satintuch bindet, lernt es sich selbst besser kennen und bekommt einen Schubser in Sachen Selbstwertgefühl. Du als angehende Expert*in für die Haare deines Kindes, entscheidest, was es schon alleine schafft und wo es Hilfestellung braucht. Indem es an den Produkten riechen oder sich selbst passende Accessoires aussuchen darf, ist es definitiv möglich, die Haarpflege auch für Kinder zu einem spaßigen Ritual zu machen.

Mit der Haarpflege von Kinderhaaren kann bereits früh im ersten Lebensjahr begonnen werden. Zum Beispiel kann das noch weiche feine Babyhaar ab der zweiten Hälfte des ersten Lebensjahrs sanft (zum Beispiel mit einer Naturhaarbürste) gekämmt und erste Frisuren ausprobiert werden. So macht man nicht nur als Elternteil erste Erfahrungen mit den Haaren des Kindes, sondern auch das Kind gewöhnt sich früh an die Auseinandersetzung mit den eigenen Locken. Wenn das Kinderhaar fester und dicker wird, kann zum Beispiel damit begonnen werden erste Zöpfe zu flechten und die Haarpflege auszubauen. Je älter das Kind wird, desto mehr Interesse wird es entwickeln, sich auch eigenständig mit den eigenen Haaren auseinanderzusetzen.[20]

Haarstruktur

Jede Krauselocke ist individuell und dementsprechend hat jede*r auch eine andere Haarstruktur. Bei der Haarpflege deines Kindes ist das A und O diese Struktur zu beachten. (siehe Kapitel: Haartypen) Ab dem ersten Lebensjahr wächst das Haar kräftiger und die Lockenstruktur formt sich. Dementsprechend kann das Haar anfangen trockener zu werden und benötigt entsprechende Pflege. Bei der Entwicklung des Kindes ist oft zu sehen, wie sich aus glatten oder großen Locken eine Afrokrause bildet. Somit kann sich die individuelle Haarpflege deines Kindes von Jahr zu Jahr ändern.

Produkte

Vorab ist erstmal wichtig zu wissen: Alles was du für dich als gutes Produkt empfindest, ist meistens auch für dein Kind gut. Achte genauso wie bei dir darauf, dass die Produkte Sulfat-, Mineralöl- und Parabenfrei sind und keine Chemie beinhalten. Auch einfache natürliche Öle und Substanzen (z.B. Sheabutter, Kokosöl, Olivenöl) sind für Kinder prima geeignet. Natürliche Öle ersetzen oft Stylingprodukte, da sie das Haar nach dem Waschen geschmeidig und weich machen und ebenso Feuchtigkeit spenden. Stimme für dich ab, welche am besten zu deinem Kind passen oder probiert gemeinsam Haarpflege-Rezepte zum Selbermachen aus.

---

[20] Bauer, Johanna. 2012. „Lockenkopf"

Das Entwirren der Haare mit den Fingern

Das Entwirren der Haare mit den Fingern ist die beste Möglichkeit, die Haare schonend von Knoten zu befreien oder sie für die Haarwäsche vorzubereiten. Beim Verwenden der eigenen Finger, ist es im Gegensatz zu Kamm und Bürste deutlich schmerzfreier und angenehmer, da man besser einschätzen kann wo es am meisten ziept und wo Widerstand besteht. Dabei ist wichtig, dass das Haar entweder mit Wasser, Conditioner oder Öl angefeuchtet ist. Trockenes Haar zu entwirren führt zu Schädigung, Haarbruch und kann natürlich super schmerzhaft sein. Zum Entwirren klemmt man einzelne Strähnen nacheinander locker zwischen Daumen und Zeigefinger beider Hände. An der Stelle der Strähne, wo sich ein Knoten befindet, zieht man die Strähne sanft und locker auseinander. Wie beim Kämmen, beginnt man auch hier bei den Haarspitzen und arbeitet sich zum Haaransatz hoch. Sind die Haare zu stark verknotet oder verfilzt – nicht verzagen! Verfilzungen sind normal und treten auf, wenn das Haar mehrere Tage nicht entwirrt oder gekämmt oder ein und dieselbe Frisur zu lange getragen wurde. Bei verfilztem Haar, braucht man einfach etwas mehr Geduld bei Entwirren. Ausreichend Feuchtigkeit auf den Locken in Form von Wasser, Pflegeöl und Conditioner helfen zudem.

Das Kämmen der Kinderhaare mit Kamm oder Bürste

Nach dem Entwirren der Haare mit den Fingern, kannst du das Haar deines Kindes mit einem Kamm oder einer Bürste weiter entwirren, damit entfernst du dann die restlichen Knoten. Nehme dir dafür Strähne für Strähne vor und achte weiterhin darauf, dass das Haar angefeuchtet ist.

Dabei solltest du das Haar mit einem Haargummi in verschiedene Abschnitte teilen (zum Beispiel vier Abschnitte). Öffne einen Abschnitt, feuchte diesen mit Wasser und Conditioner an und beginne mit der ersten Strähne. Diese solltest du gut in der Hand halten können. Zum Kämmen kannst du entweder einen grobzinkigen Kamm oder eine Bürste verwenden.

Wichtig ist, dass du anfängst die Haarspitzen zu kämmen und dich zum Haaransatz hocharbeitest. Wenn du merkst, dass sich der Part gut und ohne Ziepen durchkämmen lässt, kannst du mit dem nächsten Haar-Abschnitt beginnen.

Das Waschen der Kinderhaare

Eine angenehme und spielerische Art und Weise, deinem Kind die Haare zu waschen, ist, wenn es in der Badewanne sitzt. Dabei solltest du darauf achten, dass das Shampoo auch an den Unterkopf und die unteren Haarsträhnen gelangt, indem du die unteren Haarpartien bewusst einschäumst und auswäschst. Je nach Haarstruktur, legt sich nämlich das Haar wie ein Helm auf den Kopf, sodass das Wasser oft nicht direkt zum unteren Teil des Kopfes gelangt.

Feuchte das gesamte Haar mit Wasser an und massiere geeignetes Shampoo oder Conditioner ausreichend in das Haar ein. Nach gründlichem Ausspülen, kann das Haar nun in ein T-Shirt oder geeignetes Handtuch (z.B: Mikrofaser) eingewickelt werden, sodass überflüssiges Wasser aufgefangen werden kann.

Nun kann etwas Öl oder Conditioner im Haar verteilt und Strähne für Strähne eingekämmt oder gebürstet werden. Am besten geschieht dies, indem das Haar in mehrere Teile abgeteilt wird. Je nach Haarlänge kann dabei das Haupthaar des Kopfes mit Haargummis oder Klammern vom unteren Teil abgetrennt werden, sodass das Entwirren leichter geschieht und man einen besseren Überblick darüber hat, welche Strähnen noch gekämmt werden müssen.

Anschließend, kann das Haar an der Luft trocknen, gestylt oder geflochten werden. Wenn du zum Föhn greifen musst, gilt wie bei ausgewachsenen Krauselocken, dass die Haare deines Kindes nicht zu heiß geföhnt werden sollten.

Protective Style

Nach der Haarwäsche und um weitere Knoten nach dem Entwirren vorzubeugen, kannst du die Haare deines Kindes twisten oder flechten. Mithilfe dieser Protective Styles kann dein Kind eine Frisur mehrere Tage lang tragen, ohne diese morgens nach dem Aufstehen zu behandeln oder neu zu machen. Wenn dein Kind das Haar offen trägt, sollten die Haare täglich entwirrt werden, damit keine großen Knoten oder Verfilzungen entstehen.

Je nachdem, was für eine Frisur gewählt wurde, ist es auch hier ratsam, die Haare in mehrere Partien einzuteilen. Das gibt Orientierung und verhindert, dass du vor lauter Haaren den Überblick verlierst. Beim Fechten oder Twisten mehrerer Zöpfe, kann nacheinander abgeteilt und geflochten werden. Je nach Frisur solltest du darauf achten, dass jede Haarsträhne gleich dick ist. Hierbei kommt es auf den individuellen Geschmack an. Bei Naturhaar sollten die Zöpfe oder Twists mit kleinen Haargummis verschlossen werden. Bei manchen Haarstrukturen ist dies aber nicht nötig und das Verschließen des Zopfes kann ausbleiben.

Weitere Tipps für die Kinderhaarpflege

Wasche das Haar deines Kindes lieber nachmittags oder abends. Damit verhinderst du Stress und morgendliche Hetze. Es ist nicht notwendig das Haar deines Kindes jeden Tag zu waschen. Meistens reichen ein- bis zweimal in der Woche. Je nachdem, was dein Kind tagsüber macht und welchen Haartypen es hat, kannst du die Waschtage anpassen.

Wenn dein Kind nicht mit feuchten Haaren ins Bett gehen möchte, ist es wichtig, entweder die Haare vorher Lufttrocknen zu lassen oder auf leichter Stufe mit einem Diffusor zu föhnen. Der Pineapple-Zopf (siehe Kapitel: Nachtroutine) ist oft am gemütlichsten, um damit zu schlafen. Die Haare sind nach ober gebunden und es entsteht kein Druck oder Ziepen auf der Kopfhaut. Dein Kind kann auf einem Seidentuch oder Satinkissen schlafen, damit die Feuchtigkeit über Nacht nicht verloren geht.

Morgens kannst du das Haar deines Kindes einfach mit ein paar Spritzer Wasser, Haaröl oder Conditioner in Form bringen.

Falls dein Kind Angst vor dem Haarewaschen hat, kann es einen trockenen Waschlappen vor die Augen halten. Dies nimmt die Angst vor brennenden Shampoos im Auge.

Vernetze dich mit anderen Eltern und hol dir Tipps im Netz. In unserer Facebook-Gruppe *„KrauseLocke-Forum"* triffst du auf zahlreiche andere Eltern krauselockiger Kinder mit denen du dich austauschen kannst. Auch bei YouTube und Instagram findest zu zahlreiche Tipps und Tricks! Du bist nicht allein!

DAS INNERE KIND

Ein süßes Mädchen im Schulkind-Alter sitzt auf einem Stuhl. Hinter ihm steht seine Mutter und ist dabei, die „störrischen, krausen Haare" ihrer Tochter zu einer Frisur zu „bändigen." Das Mädchen hört die Mutter immer wieder stöhnen und auch Sätze wie „diese Haare machen mich noch verrückt!" fallen. Das Kind spürt wie anstrengend es für die Mutter ist, seine Haare zu frisieren. Vor allem, wenn ähnliche Situationen häufiger vorkommen, können die damit verbundenen Erfahrungen, die das Kind in dieser Situation erlebt, in seinem Unterbewusstsein gespeichert werden. Sie prägen das Mädchen dann in seiner späteren Entwicklung. Es könnte sein, dass es an Selbstwertgefühl verliert oder in Zukunft immer perfekt aussehen möchte. Vielleicht hatte die Mutter nur einen anstrengenden Tag gehabt und war gestresst, trotzdem beeinflussen solche Gegebenheiten die inneren Gefühle, denn auch im Erwachsenenalter trägt jeder Mensch ein inneres Kind mit sich durchs Leben. Dementsprechend hat jede*r von uns Situationen erlebt, die dieses innere Kind sowohl positiv wie auch negativ beeinflusst haben.

Diana: *Das innere Kind steht für die im Unterbewusstsein gespeicherten Erfahrungen, Erinnerungen und Gefühle aus der Kindheit. Die Psyche jedes Menschen ist demnach durch die frühe Vergangenheit geprägt und diese beeinflusst dementsprechend dein Dasein als erwachsener Mensch.*

Die meisten Menschen haben ihr inneres Kind verdrängt, da sie sich nicht mit schmerzhaften Erinnerungen und seelischen Verletzungen aus der Vergangenheit auseinandersetzen möchten. Dabei ist es wichtig, alte verletzte Erfahrungen zu bearbeiten, damit diese dich im Hier und Jetzt nicht leiden lassen.

Wie sieht es mit deinen eigenen Kindheitserinnerungen aus? Wie haben dich deine Familie, Freunde, soziales Umfeld und Medien geprägt? Kommt es heute manchmal vor, dass du dich nicht gut genug fühlst so wie du bist? Hast du vielleicht Angst vor der Einsamkeit oder brauchst häufig Bestätigung von außen?

Falls du einige dieser Fragen mit JA beantworten kannst, ist es ziemlich wahrscheinlich, dass in dir ein verletztes inneres Kind lebt, das sich nach Beachtung sehnt. Aus eigener Erfahrung wissen wir wie schnell sich ein „blöder Spruch" aus dem Mund einer Bezugsperson im Unterbewusstsein festsetzen kann. Diese Aussage kann dann zu einem Glaubenssatz werden, der unsere Handlungen im Erwachsendasein beeinflusst.

Um dein inneres Kind zu beachten, brauchst du etwas Zeit, in der du dich mit deiner Kindheit beschäftigst und sie reflektierst. Dies erfordert natürlich auch den Mut, dich mit dir und deiner Vergangenheit auseinanderzusetzen. Nicht für jede*n ist es einfach, sich den eigenen Gefühlen zu stellen. Den meisten von uns fällt es tatsächlich sehr schwer. Es braucht Aufmerksamkeit und Fürsorge dem eigenen Selbst gegenüber.

Nimm dir so viel Zeit wie du brauchst für diese Arbeit. Vielleicht hilft es dir auch, dir Kinderfotos von dir anzusehen oder mit Vertrauenspersonen über deine Vergangenheit zu sprechen. Auch Meditation kann helfen, zur Ruhe zu kommen und sich seinem Innenleben zu widmen. Wenn du soweit bist, versuche dein inneres Kind wissen zu lassen, dass du für es da bist. Du kannst es trösten, indem du ihm sagst, dass du es hörst, dass du es liebst, und indem du Mitgefühl zeigst. Mache es dir zur Gewohnheit, mit deinem inneren Kind zu sprechen.

Diana: *Es gibt heutzutage viele Therapie-Möglichkeiten, die du mit Hilfe anderer oder selbstständig durchführen kannst. Bücher und Leitfäden (zum Beispiel von der Schriftstellerin Louise Hay) sind hervorragend dazu geeignet, dieses Thema für dich zu bearbeiten. Meditationen und innere Rückreisen werden ebenso oft als Methode angewandt. Niemand ist perfekt und im Laufe deines Lebens wirst du weiterhin Erfahrungen machen, die dein weiteres Denken und Leben beeinflussen werden. Durch die Arbeit mit dem inneren Kind kann allerdings der Umgang mit bestimmten Erfahrungen anders verlaufen, als bisher.*

SCHNELLE UND EINFACHE BASIS-FRISUR-TIPPS

Ein vielverbreitetes Motto unseres momentanen Zeitgeistes lautet: Wir haben doch keine Zeit! Und auch, wenn wir Verfechterinnen der Entschleunigung sind, mögen wir es, wenn das Haaremachen schnell geht. Im Netz gibt es heutzutage schier unendlich viele Frisurtipps für Krauselocken. Von einfachen Hochsteckfrisuren bis hin zu aufwendigen Flechtkreationen ist da alles dabei und die Auswahl ist grenzenlos. Du wirst im Internet also schnell gute Frisur-Tipps mit passenden Anleitungen finden, was wir dir auch empfehlen möchten. Wie beim Üben eines Instruments, ist es auch beim Frisieren wichtig, langsam und Schritt für Schritt vorzugehen und die Erwartungen nicht zu hoch zu schrauben – vor allem, wenn man sich gerade erst an das Frisieren herantastet. Deshalb listen wir hier erste Basis-Frisurtipps auf, die von jeder Krauselocke eingeübt werden können. Ausführliche und bebilderte Anleitungen zu den Frisuren findest du im Netz. Außerdem kannst du dich in der KrauseLocke-Facebook-Gruppe „KrauseLocke-Forum" mit anderen Krauselocken austauschen.

Scheitel

Ein simpler Scheitel kann bereits für eine freshe Frisur sorgen. Der Mittelscheitel zum Beispiel eignet sich bei verschiedenen Haartexturen. Um ihn zu kreieren, wird das Haar mithilfe eines Stilkammes in der Mitte am Haaransatz zu einem Scheitel geteilt. Anschließend können die Locken offen getragen oder zu einem lockeren Zopf oder Dutt gebunden werden. Der Mittelscheitel sorgt für einen gepflegten Look und passt gut zu eleganten und klassischen Styles. Vor allem herzförmige oder schmale Gesichter kommen durch den Mittelscheitel zur Geltung, besonders, wenn die Haare eine gewisse Länge haben. Ein Seitenscheitel hingegen bringt Länge in runde und eckige Gesichter. Er wirkt frech und selbstbewusst.

Zopf und Dutt

Zopf und Dutt (auch „Bun" genannt) gehören bei Frauen mit längeren Haaren auf der ganzen Welt zum Frisuren-Standard-Repertoire. Bei uns Krauselocken dient der Dutt zudem als Protective-Style, wenn man darauf achtet, ihn haarfreundlich zu binden. Das bedeutet, dass man möglichst metallfreie Haarbänder verwenden und darauf achten sollte, dass das Haar ausreichend entwirrt und mit Feuchtigkeit versorgt ist. Außerdem sollte nicht zu fest am Haar gezogen werden um Haarbruch und Kopfschmerzen zu vermeiden, die tatsächlich auftreten können, wenn man sich einen Zopf zu feste bindet. Ein Dutt kann als sogenannter High Bun oben auf dem Kopf gebunden oder beispielsweise als Low Bun eher in der Mitte oder unten am Hinterkopf. Bei kürzeren Haaren, kann man ihn sich zusätzlich mit Bobby Pins abstecken. Es gibt verschiedene Dutt-Varianten. Eine gängige Methode ist es, sich die Haare zunächst zu einem Zopf zu binden und diesen anschließend einzudrehen, sodass ein Dutt entsteht. Weitere Anleitungen findest du im Internet.

Braids und Twists

Ein Braid ist ein geflochtener Zopf. Ein „Twist" ist eine Art Zopf, der aus zwei ineinander gedrehten Haarsträhnen besteht. Je nachdem wie viele man sich machen möchte, nimmt das Drehen von Twists schon eine Menge Zeit in Anspruch. Danach hat man allerdings auch eine längere Zeit Ruhe. Das eine gleicht das andere somit aus.

Getwistet wird Strähne für Strähne. Genauso wie beim Flechten von Braids sollte auch beim Twisten der Haare darauf geachtet werden, dass man die Scheitel so gerade wie möglich zieht. Ein weiterer Tipp ist es, die Haare am Haaransatz zunächst zu flechten bevor

man die Strähne ineinander dreht. Esther zeigt es dir im YouTube-Video: Afrohaare: *„Twists unter Zeitdruck (KrauseLocke.TV")*

Wenn beim Twisten zusätzlich Kunsthaar verwendet wird, empfiehlt es sich, die Haare am Haaransatz zunächst zu flechten bevor man die Strähne ineinander dreht. Sogenanntes Marley Hair eignet sich bei der Wahl von Kunsthaar am besten für Twists. Wie sogenannte Marley-Twists gemacht werden, kannst du in unserem YouTube-Video: *„Marley Twists von Bonzenga | Protective Style | KrauseLocke®"* ansehen.

Das Verwenden einer dicken Haarbutter (zum Beispiel Sheabutter), hilft dabei, die Twists zu versiegeln und sie, je nach Haarstruktur – besser haltbar zu machen. Achte beim Twisten zudem darauf, jede einzelne Haarpartie auch wirklich bis nach unten zu "twisten" und sie nochmal mit dem Finger aufzudrehen. Ganz wichtig ist es nicht die Geduld zu verlieren und zu frustrieren. Twisten und flechten brauchen nun einmal Zeit und Geduld. Eine Videoanleitung zum Twisten der Haare findest du zum Beispiel in Esthers YouTube-Video: *„Afrohaare auf Citytrip | Twists | Protective Style | KrauseLocke®".*

Beim „Braiden" der Haare kann man ähnlich vorgehen wie beim Twisten, nur dass die Haarsträhnen hier komplett geflochten werden. Bei beiden Varianten kann man zudem auf Kunsthaar zurückgreifen und dieses mit den eigenen Haaren verflechten.

Braidout oder Twistout

Nach der Haarwäsche empfiehlt es sich zudem, die Haare in Braids oder Twists zu tragen und so an der Luft trocknen zu lassen. Hierfür reichen allerdings 4 – 6 dickere Braids oder Twists. Das Haar sollte in der Mitte gescheitelt und auf beiden Hälfen des Kopfes dann jeweils zu 2 – 3 Twists oder Braids gedreht oder geflochten werden. Nach dem Trocknen der Zöpfe, kann man sie vorsichtig wieder lösen. Ähnliche wie beim Tragen von Lockenwicklern, haben die Haare nun eine andere Lockenform angenommen und wurden durch das Twisten oder Braiden gestrecht. Wir machen uns regelmäßig Braid- oder Twistouts, da sie pflegeleicht und einfach zu tragen sind.

Knots

Knots (auch unter dem Namen *Bantu Knots* bekannt) sind nicht nur ein hervorragender Protective Style. Die Frisur erinnert an die 90er Jahre – und die sind ja gerade wieder voll im Trend. Außerdem haben Knots den Effekt von Lockenwicklern. Man dreht seine Haare im feuchten Zustand zu Knoten auf, lässt sie so trocknen und wenn man die Frisur wieder öffnet, haben sich die Haare zu großen Locken geformt. Um Knots zu kreiren sollten die Haare in verschiedene Abschnitte gescheitelt und dann zu Twists gedreht werden. Diese Twists werden

anschließend so aufgedreht, dass die „Knots" (Knoten, engl.) entstehen. Diese kann man entweder mit dünnen Haargummis oder Bobby Pins fixieren. Bei vielen Haartypen halten sie allerdings auch ohne Hilfsmittel.

Esther: Das erfordert auf jeden Fall ein bisschen Übung und ich bin da auch kein Profi. Aber ich habe Bantu Knots für mich entdeckt und liebe auch das Ergebnis, wenn man sie wieder öffnet.

Beim Selbermachen von Frisuren ist vor allem bei Anfängern Geduld gefragt. Im Netz gibt es zahlreiche Anleitungen für tolle Frisuren. Du darfst allerdings nicht erwarten, sie alle auf Anhieb genauso hinzubekommen. Manche Dinge wirst du vielleicht auch nie wirklich schaffen, das geht uns ganz genauso. Aber das ist auch gar nicht schlimm. Du kannst dir immer Hilfe holen. Braids und Twists werden in vielen Afroshops angeboten und es gibt auch immer mehr Frisörsalons, die sich mit unseren Krauselocken befassen.

ERNÄHRUNG UND HAARGESUNDHEIT

 Gesundes und starkes Haar, ist der Wunsch vieler Menschen. Doch jede*r von uns hat es bestimmt schon einmal erlebt, unter Haar- oder Kopfhautproblemen zu leiden. Das kann sich verwirrend und frustrierend anfühlen. Schuppen, Haarausfall, sprödes Haar, fehlender Glanz oder Spliss lässt einen manchmal verzweifeln. In jedem Fall ist es von großer Bedeutung, zunächst die Ursachen für die jeweiligen Symptome zu erkunden, um gezielt dagegen anzugehen.

Oft zählen Mangelernährung, Vitaminmangel, Stress, Hormon- oder Schilddrüsenstörungen zu den Ursachen. Ein Arzt hilft, um den Ursachen auf die Schliche zu kommen.

Natürlich ist es für die Gesundheit der Haare wichtig, sie von außen richtig zu pflegen. Trotzdem wird die Ernährung in Sachen Haargesundheit oftmals unterschätzt. Genau wie die Gesundheit der Haut, hängt die Gesundheit der Haare hauptsächlich von Problemen tief unter der Oberfläche ab.

Jahrelang hat Diana zum Beispiel versucht, ihren starken Haarausfall und ihre leichte Akne von außen mit vielversprechenden „Wundermitteln" zu bekämpfen, die dann alles noch schlimmer machten. Erst durch die Umstellung ihrer Ernährung und der inneren Einstellung wurden diese Probleme eingedämmt.

Diana: Dabei habe ich mich hauptsächlich an der Ernährungslehre des Gesundheitslehrers Anthony William orientiert. Das hat mir sehr geholfen. Häufig lässt sich die Ursache für Haarprobleme nämlich gar nicht so einfach feststellen und daher auch nicht so leicht aus der Welt schaffen. Ich habe recherchiert, dass unsere Nebennieren zum Beispiel eine große Rolle für die Gesundheit unserer Haare spielen. Die Nebenniere ist ein zentrales, hormonproduzierendes Organ, das in der Nebennierenrinde vor allem das Stresshormon Cortisol produziert und im Nebennierenmark Adrenalin.[21] Adrenalin, das bei emotionalen Ereignissen und stressigen Lebenssituationen produziert wird, kann einen großen Einfluss auf die Gesundheit des Haares haben. Wenn du eine schmerzhafte Situation oder andauernden Stress erleidest, überschwemmt Adrenalin deinen Körper und wirkt sich demnach nicht nur auf die Gesundheit, dein Wohlbefinden, deine Leber und Haut aus, sondern es kann sich auch negativ auf das Haar auswirken. Wenn du in einer stressigen Situation steckst oder viel Leid erfährst, kann dein Haar durch den starken Adrenalinanstoß eine strohartige Textur entwickeln und sogar ausfallen. Diese Symptome können eine gewisse Zeit andauern. Du kannst diesen Prozess aber eindämmen und aufhalten, indem du deinen Körper von innen mit der nötigen Nahrung und Unterstützung versorgst. Stress zu vermeiden wäre natürlich die idealste Vorstellung! Dies ist im Leben aber nicht immer machbar. Nach den Lehren des Gesundheitsexperten Antony William, ist die Unterstützung der Nebennieren eine der besten Maßnahmen, die du zur Wiederherstellung deiner Haare ergreifen kannst. Dein Haar ist am gesündesten, wenn auch deine Nebennieren gesund sind. Durch einen dauerhaften Adrenalinaustoß ermüden die Nebennieren nämlich und dementsprechend geht es dann deinem Haar. Zudem ist es wichtig, allgemein die Leberfunktion zu stärken, die über die Jahre überlastet und toxisch sein kann. Durch eine überlastete Leber

---

[21] Vgl.: https://hormontherapie-bioidentisch.de/bioidentische-hormontherapie/stressbedingte-erkrankungen-nebenniere

können Haarausfall oder Probleme wie Dermatitis, Ekzeme oder Psoriasis auf der Kopfhaut auftreten.

Eine ausgewogene Ernährung ist das A und O, wenn du deinem Haar dabei helfen möchtest, gesund zu bleiben. Dein Körper liebt „echte Lebensmittel" wie Obst und Gemüse.

Versuche also, industriell hergestellte Lebensmittel und solche, die eine Vielzahl an Zusatzstoffen enthalten durch *echte* Lebensmittel zu ersetzen. Auch eine zu proteinreiche Diät, die stark auf Fleisch und Milchprodukten basiert, kommt der Gesundheit deiner Haare dauerhaft nicht Gute. Versuche, Platz für einige der Nahrungsmittel zu schaffen, die dir dabei helfen, den Gesundheitsprozess anzukurbeln, indem einige der eiweißreichen oder industriell hergestellten Lebensmittel durch mehr frisches Obst und Gemüse ersetzt werden, die deiner Haut, deinem Haar und deinen Nägeln erstaunliche Vorteile bieten können. Dies ist im Alltag oft leichter gesagt als getan, aber wenn du durch kleine Stellschrauben hier und da erste positive Effekte auf Körper und Geist verspürst, kann eine gesunde Ernährung richtig Spaß machen.

Um Leber und Nebennieren zu stärken und deine Haut-, Haar- und Nagelgesundheit zu verbessern, sind Omega-3-Fettsäuren entscheidender Bedeutung. Omega-3-Fettsäuren stecken nicht nur in Fisch, sondrn auch reichlich in Hanfsamen, Kürbiskernen, Sesamsamen und Walnüssen. Versuche mit ihrer Hilfe zum Beispiel Salate in deinen Ernährungsplan einzubauen, die deinem Körper kraftvolle Omega-3-Fettsäuren verleihen können. Frisch gepresste Säfte wie Sellerie- und Gurkensaft bieten eine wertvolle Unterstützung für die Leber. Feigen sind ebenso großartig für die Gesundheit der Haare sowie für die Haut- und Nagelgesundheit. Die verschiedenen Beerenarten (wilde Blaubeeren, Himbeeren, etc.), einschließlich Kirschen, sind ebenso gut für die Stärkung von Leber, Haut und Haar. Avocados und Bananen sind beides Nahrungsmittel, die reich an Kalium sind, ein wesentliches Element für die Haut. Bananen sind fantastisch, um die Leber zu entgiften, den Darmtrakt zu reinigen und die

Gesundheit von Haar, Haut und Nägeln zu unterstützen. Auch Hülsenfrüchte wie Linsen bieten eine wesentliche Unterstützung für die Gesundheit des Haars.

Brennnessel- und Zitronenmelissen-Tee sind zwei weitere Ergänzungen, die zur Wiederherstellung der Haargesundheit beitragen. Auch Mariendistel kann eine weitere Ergänzung sein, die du brauchst, wenn du deine Leber unterstützen und dein Haar revitalisieren möchtest. Auch die Zugabe von Spirulina- und Gerstengrassaft- oder Extraktpulver fördern die Gesundheit.

Weitere Superfoods für gesundes Haar

Nüsse sind das perfekte Beauty-Food für kraftvolles, gesundes und glänzendes Haar. Dabei sind Walnüsse und Mandeln wahre Wunderbringer, da sie nicht nur reich an gesunden Omega-3-Fettsäuren und Vitamin E sind, welche die Förderung des Haarwachstums vorantreiben und deine Kopfhaut mit viel Feuchtigkeit versorgen. Die große Menge an Biotin (auch unter den Namen Vitamin H oder Vitamin B7 bekannt) ist entscheidend für den Aufbau unserer Haarstruktur. Es ist verantwortlich dafür, dass uns die Haare nicht vom Kopf fallen. Sprödes, brüchiges Haar oder auch Haarausfall sind typische Symptome eines Biotin-Mangels. Biotin regt nämlich die Aktivität der Talgdrüsen an sowie essenzielle Stoffwechselvorgänge in den Haarwurzeln. Mandeln, Walnüsse, Chiasamen oder Kürbiskerne sind die optimalen Biotin- und Omega-3-Fettsäure Kraftquellen für gesunde Haare. Sie beugen Entzündungen vor und sorgen für eine gesunde Kopfhaut.

Auch mit einer Portion Haferflocken am Morgen kannst du deiner Haargesundheit viel Gutes tun, denn auch sie enthalten viel Biotin. Ebenso enthalten Haferflocken viel Zink. Viele Menschen haben einen Zinkmangel und dieser kann ebenso zu Haarausfall führen. Eine Menge Zink ist auch in Hülsenfrüchten wie Linsen enthalten.

Aprikosen enthalten viel Vitamin B5 und dieses hilft wiederum Stärke ins Haar zu bringen.

Auch mit einer regelmäßigen Portion Brokkoli verwöhnst du dein Haar mit einer wirksamen Schönheitskur. Neben Eisen und Vitamin C enthält Brokkoli reichlich Folsäure, die für die Gewebeerneuerung verantwortlich ist dafür und sorgt, dass die Haare gesund wachsen.

Silizium ist eine wichtige Bausubstanz für die Haare und daher ein heilsames Mittel, um brüchigen Haaren neuen Schwung zu verleihen. Es verbessert die Haarqualität erheblich. Hirse und Hafer sind beispielsweise gute Silizium-Quellen. Auch Zinnkraut und Brennnessel sind super Silizium-Lieferanten.

Vitamin A und das darin enthaltende Beta Carotin, ist ein antioxidatives Pro-Vitamin. Dieses ist besonders für unsere Kopfhaut gewinnbringend ist. Dabei kann der Entstehung von Schuppen vorgebeugt werden und lässt das Haar nicht trocken und spröde aus der Haarwurzel wachsen. Vitamin A befindet sich in vielen Gemüsen und Früchten, wie zum Beispiel in Süßkartoffeln, Grünkohl, Spinat, Honigmelonen, Karotten, Paprika und Kürbissen.

Fast jede Frau kennt ihn, den besagten Eisenmangel. Allerdings ist Eisen für ein gesundes Haarwachstum essenziell, da das Spurenelement Eisen für den Sauerstofftransport im Blut, für die Energieversorgung der Zellen und für die Produktion verschiedener Eiweiße verantwortlich ist. Hast du einen Eisenmangel, kann es mitunter sein, dass du an Haarausfall leidest. Eisen findet sich besonders in grünem Blattgemüse wie z. B. Spinat oder Grünkohl, in getrockneten Früchten wie Aprikosen, Feigen oder Datteln und in Beeren, wie den Goji-Beeren, schwarze und rote Johannisbeeren oder leckere Himbeeren.[22]

Wir wissen nicht wie es dir nach all den Infos über Ernährung geht, aber wir haben jetzt richtig Appetit bekommen!

---

[22] Vgl: https://www.womenshealth.de/artikel/10-snacks-fuer-schoene-haut-und-haare-145799.html

DON'T TOUCH MY HAIR! COOLE SPRÜCHE GEGEN GRABSCHER

Kennst du das? Du sitzt in der Bahn trägst eine frisch gewaschene Lockenpracht und spürst auf einmal ein leichtes Ziepen auf der Kopfhaut als würde jemand an einer deiner Haarsträhnen ziehen. Und tatsächlich: Hinter dir entdeckst du einen breit grinsenden Mitmenschen, der das ungefragte Anfassen deiner Haare damit rechtfertig, dass er einfach nicht widerstehen konnte und wissen wollte wie sich deine Haare anfühlen. Dass du dich ekelst, weil du nicht weißt, was dein Gegenüber mit seinen Drecksgriffeln zuvor sonst noch alles angefasst hat, ist dem Grabscher egal. Du bist halt etwas Exotisches, da wird man ja wohl man anfassen dürfen!?

Geht's noch!? Würde das Gegenüber wenigstens vorher fragen, so hätte man noch die Chance, selbst zu entscheiden, ob man sich anfassen lassen möchte oder nicht. Aber diese Gelegenheit bekommen wir oft nicht. Leider fallen wir Krauselocken immer wieder Grabschern zum Opfer – und es nervt, echt! Häufig standen wir nach solchen Grabsch-Attacken völlig verdattert da und erst viel später ist uns ein passender Spruch dazu eingefallen – mangelnder Schlagfertigkeit sei Dank. Um Abhilfe zu schaffen, haben wir in unserer Faceook-Gruppe „KrauseLocke-Forum" eine Umfrage gestartet und präsentieren dir hier eine kleine Auswahl geistvoller Reaktionen auf ungefragtes Anfassen der Haare:

Was sehr gut hilft: Der Person, die in die Haare fasst, auch einmal in die Haare fassen. In der Regel brauch das dann keine weitere Erklärung.

Die Hand aufhalten und zehn Euro verlangen.

Ich halte die Hand auf mit Todesblick und sage: Foto 5€, Anfassen 10€. Und wenn die meinen, da noch etwas sagen zu müssen, fasse ich denen in die Haare. Komischerweise finden die das nicht so toll.

Wenn jemand meiner Tochter in die Haare fassen möchte, sage ich meistens sind: Wir hier nicht im Streichelzoo. Dann sind sie sehr geschockt und gehen ganz schnell.

Meiner Tochter haben die Leute ständig in die Haare gefasst. Zu 99% ungefragt. Manchmal konnte man gar nicht so schnell reagieren. Einmal hat eine Frau meine Tochter einfach geküsst, da war sie nicht ganz ein Jahr. Oh! Ich bin völlig ausgetickt.

Ich habe Reflexe wie ein Ninja. Aber wenn es doch einer schafft, wird eiskalt zurück gefasst.

Ich sag immer "Ah! Sie leiden bestimmt an Kreatin-Mangel oder sind kein Säugetier - warum sonst verspüren Sie diesen Drang meine Haare anfassen zu wollen?

Wenn jemand ungefragt oder noch während der Frage meine Haare anfasst, sage ich direkt, „man fasst nicht einfach die Haare von anderen an!". Das sage ich in einem strengen Ton (ich bin immer sehr locker und freundlich, deswegen irritiert es die Menschen eigentlich direkt). Fremde Menschen machen das zum Glück nicht mehr, die sprechen mir nur an und sagen: „schöne Haare!" und rufen das sogar hinterher, was ich süß finde. Wenn jemand trotz des Neins weiter versucht es zu machen, sage ich: „Ich bin kein Tier im Streichelzoo!". Wenn die teilweise dreist werden und sagen: „Doch bist du!" und dabei lachen, um es ins Lustige zu ziehen, sage ich ernst, dass es Konsequenzen geben wird. Dann lassen alle das. Wenn ich aber merke, jemand hat positives Interesse und ist nicht unverschämt, biete ich ihnen an, dass sie meine Haare anfassen dürfen. Solange ich die Kontrolle habe ist es gut und ich freue mich auch aufzuklären.

LAZY DAYS

Puh! Jetzt erstmal tief durchatmen! An dieser Stelle des Buches haben wir schon eine ganz Menge gut gemeinter Ratschläge zur Krauselocken-Haarpflege zusammengetragen. Und stell dir vor – das war längst nicht alles, was die Locken-Community heute in Sachen optimaler Haarpflege zu bieten hat. Bei unseren Recherchen stießen wir auf viele weitere Methoden und Tipps, von denen einige für uns teilweise auch wie Hieroglyphen zu lesen waren. Wir müssen zugeben, dass wir, angesichts der großen Flut der vielen Haarpflege-Techniken, während der Recherche zu diesem Buch hin und wieder überfordert die Hände über dem Kopf zusammengeschlagen haben, weil wir dachten: „Ach, herrje! Wir machen ja selber alles falsch mit unseren Haaren! Welche Technik ist denn jetzt die Beste? Und wir sind doch viel zu faul, das alles zu befolgen, was einem im Netz geraten wird!"

Aber genau das ist normal und zum Glück fiel uns diese Tatsache auch ganz schnell wieder ein. Manchmal läuft das Leben nämlich nicht nach Anleitung. Manchmal ist zum Schlafen so ein frischgewaschenes Baumwollkopfkissen einfach viel gemütlicher als eines aus Satin, manchmal verschiebt man das Haarewaschen um Tage, weil man einfach keine Lust und Energie dafür hat und manchmal läuft man tagelang mit trockenen Haaren durch den Alltag, die irgendwie zu einer Art Zopf oder Dutt zusammengebunden sind. Also uns geht es so und dazu stehen wir voll und ganz.

Lazy Days nennt man in der Community diese Tage, an denen man augenscheinlich zu faul ist, um sich um seine Krauselocken zu kümmern. Aber wir finden, das ist ein falscher Ausdruck für dieses Phänomen. Denn nur, weil man mal eine Zeitlang die Haarpflege hintenanstellt, muss das nicht immer etwas mit Faulheit zu tun haben. Es ist unumstritten, dass die Pflege von krausen Haaren und Locken einiges mehr an Zeit und Aufwand kostet, als die Pflege von glatterem Haar. De Vorwurf der Faulheit gleicht daher einer Unverschämtheit. Die Afrohaarpflege kann nicht nur physisch belastend sein, wenn man beispielsweise stundenlang mit angehobenen Armen Zöpfe flechtet oder Frisuren stylt. Sie kann auch emotional und mental auslaugen, vor allem, wenn man selbst gerade keine gute Zeit durchmacht. Die Deutsche Depressionshilfe schreibt:

Depressionen gehören zu den häufigsten und hinsichtlich ihrer Schwere am meisten unterschätzten Erkrankungen. An Depression sind derzeit in Deutschland 11,3% der Frauen und 5,1% der Männer erkrankt. Frauen leiden damit etwa doppelt so häufig an Depression wie Männer. Insgesamt sind im Laufe eines Jahres 8,2 % der deutschen Bevölkerung erkrankt. Das entspricht 5,3 Mio.[23]

Krauselocken, die unter Depressionen leiden, haben es meist doppelt so schwer, denn es gibt einen gesellschaftlichen Druck, was die Optik krauser Haare angeht. Nach wie vor gibt es viele Berufe, in denen von krauselockigen Mitarbeiter*innen verlangt wird, dass sie ihre Haare glätten oder verstecken. Dies kann zu schweren psychischen Belastungen führen und ist aus unserer Sicht ein absolutes, menschenunwürdiges No-Go. Umso wichtiger ist es, über die Probleme zu sprechen, die durch die Haarpflege entstehen können. Unsere Facebook-Gruppe „KrauseLocke-Forum" bietet einen Ort dafür.

Bei all dem Wissen, das es heutzutage zu unseren Haaren gibt, darf man auch nicht außer Acht lassen, dass es oft Wichtigeres gibt als die Haarpflege. Wie in anderen Bereichen des Lebens ist es auch hierbei ratsam, sich vom Gedanken der Perfektion zu lösen und sich nicht mit anderen Krauselocken zu vergleichen. In Zeiten von YouTube, Instagram und Co. hat man ständig Zugriff auf wunderbare Haarvideos und Fotos von den neuesten Hair-Styles. Die in diesen Medien abgebildeten Krauselocken sehen dann auch nahezu perfekt aus. Die Fotos sind perfekt ausgeleuchtet

---

[23] www.aok-bv.de

und die Tutorials führen fast immer zu einem tollen Ergebnis. Wenn man das dann selber ausprobiert, hat das eigene Resultat hingegen häufig nichts mit dem zu tun, was das Video anpreist. Da macht sich natürlich schnell Enttäuschung breit und die Motivation geht flöten. Denn eines ist klar: zu hohe Erwartungen führen meist zu Enttäuschungen.

Vergleiche und zu hohe Erwartungen sind also fehl am Platz. Und sollen wir dir ein Geheimnis verraten? YouTuber oder Instagrammer erstellen ihren Content meistens an den sogenannten Good Hair Days, wenn sie sich selbst pudelwohl in ihrer Haut und mit ihren Haaren fühlen. That is Show-Business! Da sprechen wir aus Erfahrung.

Um den Lazy Days entgegenzuwirken, kann es auch helfen, den Wash Day als liebevolles Ritual zu betrachten, bei dem man sich selbst etwas Gutes tut. Vielleicht zündest du dir ein paar Kerzen an, hörst deine Lieblingsmusik oder belohnst dich nach der Haarwäsche und Pflege mit einem entspannenden Bad, einer Yoga-Session oder deinem Lieblingsessen. Denn so stressig unser Alltag auch manchmal sein kann, jeder Mensch sollte für ausgleichende Erholung sorgen. Letztlich benötigen wir für unsere Haarpflege auch Geduld und die ist gerade in unserer Leistungsgesellschaft nicht immer ausreichend vorhanden. Wenn man die Zeit, die man für die Haarpflege verwendet allerdings als etwas Schönes betrachtet, auf das man sich richtig freut, wird auch die Übung in Geduld leichter. Auf keinen Fall sollten wir uns Vorwürfe machen, wenn es mal nicht so klappt wie wir uns das vorstellen oder die Zeit für die Haarpflege mal wieder zu knapp bemessen ist. Lazy Days sind vollkommen normal und unsere Haare sind schön, egal wie sie gestylt sind.

Das Leben sollte immer in Balance verlaufen und nicht nur aus Anstrengungen und Pflichten bestehen. Also leg die Füße ruhig hin und wieder hoch und sammle Kraft für neue Aktionen.

Keep cool & keep it kraus!

GLOSSAR

2ND DAY HAIR: Wenn die Haare am nächsten Morgen, nachdem man sie frisch gestylt hat einfach toll aussehen, spricht man von 2ndday hair. Man muss dann nicht viel mit seinen Haaren machen und kann einfach sorausgehen. Manche verfügen sogar über das Glück von 3rd und 4th day hair.

AFRO: Der Afro ist eine sehr beliebte Frisur mit natürlich-krausem Haar, die oft als "fro" abgekürzt. Typisch für den Afro ist die abgerundete Form um den Kopf herum.

ANANAS-TECHNIK (PINEAPPLING): Bei dieser Schlaffrisur werden die Haare mit einem losen Haargummi oben am Kopf zusammengebunden. Der Vorteil beim Schlafen ist hier, dass die Haare und vor allem die Haarspitzen nicht kreuz und quer über das Kopfkissen reiben. Durch das Hochbinden sind die Haarspitzen geschützt und die Haare verheddern sich nicht so leicht. Der Name „Ananas-Technik" rührt daher, dass man mit dieser schützenden Frisur so ähnlich aussieht wie besagte Frucht.

BABY-HAAR: Kleine Härchen vorne an den Edges an Stirn und Schläfen.

BAGGY METHODE: Eine Methode, um trockenen Haaren und Haarbruch vorzubeugen. Nach der abendlichen Haarroutine wird hier eine Plastik- oder Duschhaube aufgesetzt und über Nacht getragen. Dies soll dazu führen, dass die Feuchtigkeit auf dem Kopf bleibt und tief ins Haar eindringen kann.

BANDING: Banding ist eine Methode, um Shrinkage entgegenzuwirken und die Haare durch Streching zu dehnen. Dies wird erreicht, indem man verschiedene Haargummis in eine Haarsträhne wickelt, um das Haar zu strechen.

BANTU KNOTS/ KNOTS (BANTU KNOTEN): Bei dieser Frisur werden zwei Haarsträhnen zunächst zu einem Twist gedreht. Anschließend wird der Twist zu einer Rolle gedreht, sodass eine Art, an der Kopfhaut anliegender

Knoten entsteht. Öffnet man diese Knoten nach einiger Zeit wieder, so nennt man die daraus resultierende Frisur Bantu Knotout.

BIG CHOP: Big Chop (BC) ist die Bezeichnung für das radikale Abschneiden sämtlicher, relaxter oder beschädigter Haare.

BLOWOUT: Das Glattföhnen der Haare.

BOBBY PINS: Haarnadeln.

BOX BRAIDS: Box Braids sind oft mithilfe von Kunsthaar geflochtene Zöpfe.

BRAIDS / BRAID OUT: Braids sind geflochtene Haarzöpfe. Als Braid Out wird die Frisur bezeichnet, die entsteht, wenn man die Braids öffnet.

BUILD-UP: Als Build-Up werden Produktrückstände, Schmutz oder Schweiß genannt, die sich im Laufe der Zeit auf den Haaren ablagern. Durch Waschen der Haare werden die Ablagerungen entfernt.

CLEANSER: Ein Cleanser ist eine Mischung aus Spülung und Shampoo, also ein reinigender Conditioner, der die Haare sanft von Schmutz befreit und die Haaroberfläche weniger angreift, wie ein herkömmliches Shampoo.

CONDITIONER: Der englische Begriff für Haarspülung.

CORNROWS: Eine Flechtmethode, bei der das Haar eng an die Kopfhaut geflochten wird.

CO-WASHING (CO-WÄSCHE): Shampoo kann krauselockiges Haar sehr schnell austrocknen. Man sollte es daher nicht zu oft benutzen. Natürlich sollten die Haare trotzdem regelmäßig gewaschen werden, um sie von Schmutz zu befreien. Anstatt Shampoo kann man dafür aber auch Conditioner verwenden. Co-Washing (zu deutsch: Co-Wäsche) heißt also, dass man seine Haare mit Conditioner wäscht. Vorteile des Co-Washing: Es tocknet die Haare nicht aus sondern bewahrt die Feuchtigkeit, auch bei regelmäßgem Waschen. Dies schützt vor Haarbruch.

Tipp für die Co-Wäsche: Unter der Dusche die Kopfhaut am besten mit Conditioner einmassieren und wieder ausspülen. Danach nochmal Conditioner auftragen und während des Duschens einwirken lassen. Am Ende ausspülen und die Haare wie gewohnt pflegen.

CREAMY CRACK: Manchen Krauselocken fällt der Übergang von relaxtem Haar zu natürlichem Haar ziemlich schwer und sie fallen immer wieder auf den Relaxer zurück. Es verhält sich ähnlich wie bei einem Drogenentzug (vielleicht nicht ganz so drastisch, da es beim Relaxen nicht um Leben und Tod geht). Aber der Relaxer wird von Krauselocken (product-junkies), die gerne damit aufhören wollen, es aber nicht schaffen, aufgrund seiner suchtfördernden Wirkung auch als Creamy Crack bezeichnet – mit Bezug auf die gefährliche Droge Crack, die das höchste psychische Abhängigkeitspotenzial haben soll.

DEEP CONDITIONER: Eine intensive Tiefenhaarkur.

DEFINIEREN: Beim Definieren fügen sich einzelne Haare mit Hilfe von Haarprodukten beispielsweise durch Zwirbeln oder das Bürsten einzelner Strähnen durch eine Naturhaarbürste zu größeren Locken zusammen. Definierte Locken sind demnach einzelne Haare, die sich zusammengefunden haben.

DETANGLING: Begriff für das Entwirren der Haare.

DIFFUSOR: Ein Diffusor erinnert optisch an einen Duschkopf, ist aber ein Aufsatz für den Fön mit dessen Hilfe man Locken schonender trocknen kann als mit dem herkömmlichen Fönaufsatz.

DUSTING: Dusting ist eine Methode des Spitzenschneidens. Dabei wird nur ein ganz kleiner Teil der Haarspitzen abgeschnitten. Dust ist das englische Wort für Staub – die geringe, abgeschnittene Haarmenge erinnert an Staub, der zu Boden rieselt.

DUTT: Wenn man sich die Haare zu einem Knoten zusammenbindet, spricht man von einem Dutt.

EDGES: Das Haar vorne an Stirn und Schläfen, das den Haaransatz bildet.

FINGER-DETANGLING: Finger-Detangling bezeichnet das Entwirren der Haare mit den bloßen Händen und Fingern ohne Zuhilfenahme von Kamm oder Bürste.

FLAT TWISTS: Ähnlich wie bei den Cornrows, werden bei dieser Technik Twists eng an die Kopfhaut gedreht.

FRIZZ: Das Kräuseln der Haare oft hervorgerufen durch Feuchtigkeit oder Trockenheit. (adj. Frizzy)

LACE WIG: Eine Art Perücke aus Echthaar. Die echten Haare werden meist zu Cornrows eng an die Kopfhaut geflochten oder sind ohnehin kurz. Darüber wird die Lace Wig gestülpt. Das Besondere an dieser Perücke ist, dass das Haar der Perücke im Ansatzbereich auf einen durchsichtigen Netzstoff (Lace) geknüpft würde. Dieser wird oft mit einem Spezialkleber an den Haaransatz geklebt.

L.C.O.-METHODE: (Engl.: Liquid, Cream and Oil) Eine Methode, um die Haare effektiv mit Feuchtigkeit zu versorgen und zu versiegeln, indem man Produkte in einer bestimmten Reihenfolge aufträgt. Liquid: Wasser oder ein wasserbasiertes Produkt (Erster Inhaltsstoff: Aqua). Cream: Z.B. Leave-In Conditioner oder Sheabutter. Oil: Öl zum versiegeln/ einschließen der Feuchtigkeit.

LEAVE-IN CONDITIONER: Das ist Conditioner, den man in den Haaren drin lässt. Das sorgt dafür, dass die Haare nicht austrocknen und unterstützt, dass sich Locken definieren. Ein Leave-In Conditioner sollte idealerweise keine Silikone enthalten und keine Inhaltsstoffe, die die Haare austrocknen.

174

L.O.C.-METHODE: Eine Methode, die Haare effektiv mit Feuchtigkeit zu versorgen und zu versiegeln, indem man Produkte in einer bestimmten Reihenfolge aufträgt. Ähnlich wie L.C.O.-Method, nur trägt man die Produkte hier in der Reihenfolge Liquid, Oil, Cream auf.

LOW-POO: Bei dieser Haarwaschmethode wird nur sehr wenig Shampoos bei der Reinigung von Haar und Kopfhaut verwendet.

MANIPULATION: Durch die Manipulation der Haare wird die Haarstruktur durch Stylen (zum Beispiel durch Braid-Outs oder Twist-Outs) zeitweise verändert.

NAPPY HAIR: Eine amerikanische Bezeichnung für krauses Afrohaar.

NAPPYVERSARY: Der Nappyversary (Auch: Nattyversary) ist das Jubiläumsdatum, an dem das Haar natural wurde.

NATURALISTA: Als Naturalista wird ein Krauselocke dann bezeichnet, wenn sie ihr krauses oder lockiges Haar natürlich und mit gewissen Stolz trägt, ohne es beispielsweise mithilfe eines Relaxers oder Texturizers zu glätten oder durch Twists oder Braids zu manipulieren.

NATURAL HAIR/ NATURAL: Der englische und auch eingedeutschte Begriff für natürlich krauses oder lockiges Haar. Das passende Adjektiv hierzu ist natural.

NATURAL HAIR JOURNEY: Natural Hair Journey - Beschreibt den persönlichen Weg, den jemand mit Naturhaar gehen wird, wenn er sein Naturhaar trägt. Es kann mit vielen Details über Triumphe und Herausforderungen, persönliche Offenbarungen und vieles mehr gefüllt werden.

NATURAL-HAIR-POLIZEI: Angehörige der Natural-Hair-Polizei sind Krauselocken, die ihre persönlichen Überzeugungen über die Haare von anderen zum Ausdruck bringen und diese gar für ihre Haarpflegeroutinen verurteilen. Meistens sind die Kommentare oder das Urteil negativ und bevormundend. Die Natural-Hair-Polizei ist oft der Meinung, dass es nur einen Weg im Umgang mit krausen und lockigen Haaren gibt – und das ist ihr eigener.

NATURAL-HAIR-IDOL: Natural-Hair-Idols sind Krauselocken, deren natürliche Haare von anderen Krauselocke oft sehr bewundert werden. Der Vorteil daran ein Naturhaar-Idol zu sein, besteht darin, dass man eine große Inspiration ist. Der Nachteil ist jedoch oft, dass die Inspirierten dazu neigen, ihr Natural-Hair-Idol als Vorbild zu betrachten und gar beginnen sich mit ihm zu vergleichen. Das führt nicht selten zu Enttäuschungen, wenn das eigene Haar nicht so aussieht und sich nicht so verhält, wie das des Idols.

NEW GROWTH: Als New Growth wird neu nachgewachsenes Haar bezeichnet.

NO-POO METHODE: Beim sogenannten No-Poo wird auf das Waschen und Reinigen der Haare auf Shampoos verzichtet. Anstatt Shampoos kann ersatzweise unter anderem Conditioner verwendet werden. Das nennt man dann Co-Wäsche (Co-Washing).

OVERPROCESSING: Wenn man Relaxer, Haarfarbe oder andere chemische Behandlungen länger einwirken lässt, als es auf der Gebrauchsanweisung steht, sprechen wir von Overprocessing (engl. Überbehandlung). Das gleiche gilt auch, wenn man sich die Haare in zu kurzen Abständen relaxet oder färbt. Overprocessing ist auf Dauer schädlich für die Haare. Man sollte immer einen gewissen Abstand zwischen den Behandlungen der Haare lassen.

PLOPPEN (PLOPPING): Eine Methode, um das Haar nach der Wäsche zu trocknen und die Locken zu definieren, indem das frisch gewaschene Haar kopfüber in ein T-Shirt oder Mikrofasertuch gelegt wird. Dieses wird anschließend zu einem Turban auf den Kopf gewickelt. Vor allem längere Locken hängen sich so nicht so schnell aus.

PRAYING HANDS METHODE: Eine Methode zum Auftragen von Haarprodukten auf das Haar. Das Produkt wird auf die Handfläche gegeben und vom Ansatz bis in die Spitzen in den einzelnen Strähnen verteilt, indem die Handflächen wie bei einem Gebet zusammengehalten werden.

PRE-POO: Pre-Poo bedeutet so viel wie „Vor-dem-Shampoo". Bei dieser Methode wird ein entsprechendes Haarprodukt oder eine Mischung aus Ölen vor der Haarwäsche auf das Haar aufgetragen, einwirken gelassen und anschließend ausgewaschen. Dies soll die Haare zusätzlich pflegen.

PRODUKT-JUNKIE: Ein Produkt-Junkie (engl. product junky) ist jemand, der wirklich sämtliche Haar und Körperpflege kauft – immer auf der Suche nach DEM perfekten Produkt. Jemand, der förmlich süchtig nach Haarprodukten oder Relaxern ist.

PROTECTIVE STYLE: Protective Styles sind Frisuren (z.B. Braids, Dutts oder Twists), die dazu beitragen, dass die Haare vor Haarbruch und Trockenheit geschützt werden.

RELAXER: Der Relaxer ist ein chemisches Haarglättungsmittel. To relax kommt aus den Englischen und bedeutet auf deutsch so viel wie entspannen. Relaxen ist das eingedeutsche Verb zum Relaxer.

ROUTINE / REGIMEN: Eine regelmäßige, von dir festgelegte Methode der Haarpflege.

SEARCH AND DESTROY: Search and Destroy (zu deutsch: Suchen und zerstören) ist ein Prozess, bei dem die Haarspitzen nach Spliss oder Haarknoten abgesucht werden. Wird man fündig schneidet man die beschädigten Haarspitzen mit einer Haarschneideschere ab.

SHINGLING: Eine Styling-Methode, um die Locken zu definieren, indem Leave-In Conditioner oder Haargel mit einem grobzinkigen Kamm ins feuchten Haar gekämmt wird, von der Wurzel bis zur Spitze. Dabei wird das Haar geglättet und gedehnt, indem man die Strähnen langzieht.

SHRINKAGE: Locken und krause Haare ziehen sich zusammen. Optisch sieht es so aus, als wären die Haare kürzer, als sie wirklich sind.

SLIP: Beschreibt, wie „glitschig" ein Produkt ist und wie effektiv es das Haar zum Kämmen und Entwirren ummantelt. Je mehr Slip ein Produkt hat, desto besser gleiten Kamm, Finger oder Bürsten durchs Haar. Das erleichtert das Kämmen, Definieren und Stylen.

STRECHING: Das Langziehen der Locken auf natürliche Weise, beispielsweise durch Twists oder Braids. Durch gezielte Stretching-Techniken wird mehr von der tatsächlichen Haarlänge sichtbar. Strechen soll Shrinkage entgegenwirken.

TEXTURIZER: Ein Texturizer ist, ähnlich wie der Relaxer, ein chemisches Glättungsmittel, das verwendet wird, um die natürliche Lockenstruktur bis zu einem bestimmten Grad zu glätten und dauerhaft zu strechen. Im Gegensatz zu Relaxern sind Texturizer milder in der chemischen Zusammensetzung, verändern die natürliche Lockenstruktur jedoch ebenso dauerhaft und auch sogenanntes *texlaxtes* Haar muss abgeschnitten werden oder rauswachsen, um das Haar wieder im vollends natürlichen Zustand zu tragen.

TRANSITION: Transition beschreibt die Übergangsphase zwischen dem letzten Relaxen der Haare bis hin zum natürlichen Krauselockenkopf. In der Transitionphase lässt man seine Haare wachsen, ohne den Ansatz immer wieder neu zu relaxen oder zu glätten. Nach einiger Zeit kann man sich dann einem Big Chop unterziehen, indem man die relaxten Enden der Haare abschneidet. Man kann jedoch auch warten bis die relaxten Haare von allein rauswachsen und die relaxten Enden nach und nach abschneiden.

TRESSEN: Tressen sind Strähnen aus Echt- oder Kunsthaar, die auf ein Band genäht wurden. So entsteht eine breite Fläche an Haarsträhnen, die durch unterschiedliche Techniken ans Eigenhaar angebracht werden können.

TWA (TEENY WEENY AFRO): Der TWA ist ein kleiner Afro und meist die erste Stufe nach dem Big Chop (BC).

TWIST/ TWISTS: Das Zusammendrehen zweier Haarsträhnen zu einem gedrehten Zopf. Diese Zöpfe werden Twists genannt.

VERSIEGELN: Beim Versiegeln der Haare oder Haarspitzen wird ein schützendes Produkt auf die Haare aufgetragen, um sie mit Feuchtigkeit zu versorgen und den Haarausfall vorzubeugen. Meist nutzt man hier zunächst eine Feuchtigkeitscreme auf Wasserbasis und anschließend Haarbutter oder Öl. (Siehe L.C.O.-Methode).

VIRGIN HAIR (JUNGFERNHAAR): Haare, die von den Wurzeln aus natürlich wachen und nicht chemisch behandelt, gefärbt oder anderweitig manipuliert (z.B. geglättet) wurden.

WASH AND GO: Mein Wash and Go werden die Haare gewaschen (oder Co-Washing) und daraufhin mit Pflegeprodukten behandelt. Anschließend trocknen sie an der Luft oder werden mit einem Diffusor angetrocknet.

WET AND GO: Anders als beim Wash and Go werden die Haare beim Wet and Go nicht gewaschen. Das Haar wird beim Wet and Go nass gemacht oder mit einer Mischung aus Wasser und Conditioner besprüht, um die Locken zu definieren und wie gewünscht zu stylen oder aufzufrischen.

WEAVE: Das englische Wort weave bedeutet auf Deutsch „weben, verflechten". Eine Weave ist eine Art der Haarverlängerung, bei der die eigenen Haare zunächst an die Kopfhaut geflochten werden. Danach werden spezielle Haarverlängerungstressen mit einem Faden an die angeflochtenen Zöpfe genäht. Darum spricht man im Englischen bei dieser Methode auch von Sewn In Hair Weaves. Die Haare an den Tressen sind in mehreren Haarstrukturen erhältlich. Außerdem gibt es sie sowohl als 100% Human Hair Varianten (dann handelt es sich meistens um Echthaar) als auch als künstliche Extensions.

WIG: Der englische Begriff für Perücke.

QUELLENVERZEICHNUNG

Literatur

Adler, Dr. med. Yael. 2016. Haut nah. Verlag: Droemer HC, Droemer eBook

Barsch, Volker. 2003. Rastafari: Von Babylon nach Afrika. Mainz: Ventil Verlag. 5 Auflage 2010

Bauer, Johanna. 2012. Lockenkopf. Pflege für afrokrauses und stark gelocktes Haar. Teil 1. ISBN: 978-3-200-02252-2

Dahlke, Rüdiger. 2014. Krankheit als Symbol. München: Bertelsmann Verlag in der Verlagsgruppe Random House GmbH. 24. Auflage 2014

Standop, Eric. 2015. Haargenau: was Haare über Gesundheit und Persönlichkeit verraten. Darmstadt : Schirner Verlag. 1. Auflage

Internetquellen

Browne, M. Neil & Giampetro-Meyer, Andrea. 2003. Many Paths to Justice: The Glass Ceiling, the Looking Glass, and Strategiesfor Getting to the Other Side. Hofstra Labor and Employment Law Journal: Vol. 21: Iss. 1, Article 2.

Overmann, Manfred. 2002. Emotionales Lernen: Sentio, ergo cognosco. Abrufbar über die Homepage der Pädagogischen Fakultät Ludwigsburg: http://www.ph-ludwigsburg.de/html/2b-frnz-s-01/overmann/baf5/5m.htm (Zugriff: 23.5.2019)

https://www.aok-bv.de/imperia/md/aokbv/presse/pressemitteilungen/archiv/2018/07_fakt enblatt_depressionen.pdf (Zugriff: 28.11.19)

https://www.essence.com/hair/respect-our-roots-brief-history-our-braids-cultural-appropriation/ (Zugriff am 29.8.2019)

https://www.mizani.com/your-hair--inspiration (Zugriff: 14.2. 2019) http://www.tightlycurly.com/technique/curlyprimer/ (Zugriff: 7.3. 2019)

https://www.netdoktor.de/symptome/schuppen/ (Zugriff: 4.7.2019)

https://hormontherapie-bioidentisch.de/bioidentischehormontherapie/stressbedingte-erkrankungen-nebenniere (Zugriff: 28.5.2019)

https://the-ognc.com/lifestyle/tenside/ (Zugriff: 28.11.2019)

https://www.womenshealth.de/artikel/10-snacks-fuer-schoene-haut-und-haare-145799.html (Zugriff: 30.6.2019)

LESEEMPFEHLUNG

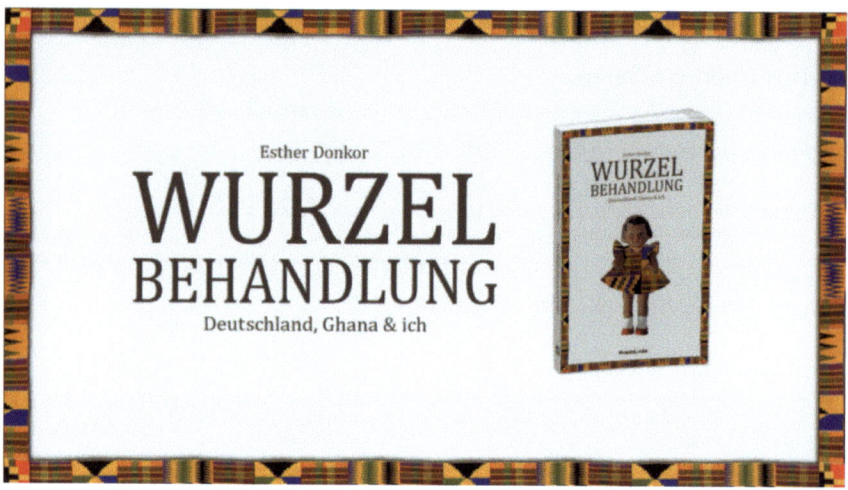

Wie ist es so in Afrika? Mit Ende zwanzig reist Esther zum ersten Mal nach Ghana. Im Heimatland ihres Vaters will sie ihre Familie kennenlernen und ihrer Identitätssuche ein Ende bereiten. Doch nicht alles läuft so, wie erhofft. In Tagebucheinträgen und Reiseberichten hält sie ihre Erlebnisse und Eindrücke fest.

Wurzelbehandlung – Deutschland, Ghana und ich
Ein Buch präsentiert von KrauseLocke ® nominiert für den Deutschen Selfpublishing Preis 2017. Erhältlich überall wo's Bücher gibt.